Mario Stenz

Sehnsucht und Erwachen

Bibliographische Informationen der Deutschen Nationalbibliothek:

Die Deutsche Nationalbibliothek verzeichnet diese Publikation in der Deutschen Nationalbibliografie; detaillierte bibliografische Daten sind im Internet über http://dnb.dnb.de abrufbar.

2. überarbeitete Auflage

© 2016 Mario Stenz

Herstellung und Verlag:

BoD – Books on Demand, Norderstedt

ISBN: 9783741224812

Sehnsucht und Erwachen

-

Das gesammelte Schweigen der Jahre im Feuer

-

Gedichte

Mario Stenz

Widmung und Danksagung:

Ich widme dieses Buch allen Menschen, Orten und Anlässen

durch deren Begegnungen ich zu diesen Gedichten inspiriert wurde,

vor allen I. S.

„Jeder von uns ist (...) das Bruchstück eines Menschen, da er aus einem Teil in zwei zerschnitten ist wie die Schollen. So also sucht immer ein jeder das zu ihm gehörende Bruchstück." (Platon)

„Das Unbeschreibliche,
Hier ist's getan;
Das Ewig-Weibliche
Zieht uns hinan."
(Johann W. Goethe)

„Die Jugend kennzeichnet nicht einen Lebensabschnitt, sondern eine Geisteshaltung; sie ist Ausdruck des Willens, der Vorstellungskraft und der Gefühlsintensität. Sie bedeutet Sieg des Mutes über die Mutlosigkeit, Sieg der Abenteuerlust über den Hang zur Bequemlichkeit. Man wird nicht alt, weil man eine gewisse Anzahl Jahre gelebt hat: Man wird alt, wenn man seine Ideale aufgibt. Die Jahre zeichnen zwar die Haut - Ideale aufgeben aber zeichnet die Seele." (Marc Aurel)

„Also entrinnst du
Dem Menschengebuhl
Dem Allerwelts-Elan!
Du fliegst deine Bahn..."
(Arthur Rimbaud)

"Die Straße des Exzesses führt zum Palast der Weisheit."
(William Blake)

Inhalt

Einleitende Worte ... 4
Zuneigung ... 8
Eingang in ein paar Zeilen ... 9
I. Episoden des Erwachens ... 21

- Entfremdung ... 21
- Lächeln ... 22
- Autorität ... 23
- Werden ... 24
- Neuzeit ... 25
- Müdigkeit ... 26
- Teilhabe ... 27
- Trost ... 28
- Rausch ... 29
- Geleit ... 30
- Ungewissheit ... 31
- Maß ... 32
- Schuld ... 33
- Neuanfang ... 34
- Sonnenschein ... 35
- Geschmack ... 36
- Traum ... 37
- Brücke ... 38

II. Zeichen der Sehnsucht ... 39

- Sehnsucht ... 39
- Feuer ... 40
- Augenblick ... 41
- Herbstmorgen ... 42
- Sternenbild ... 43
- Nackt ... 44
- Glut ... 47
- Heimweg ... 48
- Flüstern ... 49
- Morgen ... 50
- Tugend ... 51
- Idiot ... 52

Einheit 53
Geschwister 54
Licht 55
Kälte 56

III. Unterwegs in Afrika und anderswo 58

Abschied 58
Stadtnachtgedanken 59
Müßiggang 61
Leben 62
Geschenk 63
Sehnsucht 64
Wüste 65
Easy 67
Vertrauen 68
Muschel 69
Bekenntnis 70
Abschied 71
Suche 72
Eine 73
Wochenende 74
Komfort 75
Heimweh 76
Jenseits 77
Hindernis 78
Bòheme 79
Gesang 80

IV. Erfahrung aus Indien und ähnliches 81

Väter 81
Fortgang 83
Gebet 85
Lachen 86
Einer 87
Frieden 89
Zwiegespräch 90
Besserung 91
Shiva 92
Leidgesang 93

Schwermut	94
Ekel	95
Abrechnung	97
Einsamkeit	98
Dichtung	99
Anmaßung	99
Weggefährten	100
Wellenberge	101
Gipfelmusik	102
Stadtpalastdschungel	103
Eins	104
Schrei	105
Ikonen	106
Ausblick	107
Prinzessinnen	108

V. Fortsetzungen der Suche 109

Sonne	109
Genügsamkeit	110
Entzweifelung	111
Wiedersehen	111
Postulat	112
Überwindung	113
Flug	114
Weg	115
Schweigen	117
Aura	118
Regen	119
Welttraum	120
Bürde	121
Schönheit	121
Liebe	122
Triumph	122
Platz	123
Gebt	124
Du	125
Antwort	126
Selbstsein	126
Tristesslicht	127

Abschied 128
König 129

VI. Passagen der Stille 130

Pflicht 130
Unterwegs 131
Namenlose 132
Gesang 133
Schweigen 134
Rauchschwaden 135
Anteile 136
Gebrochen 137
Bedürfnis 139
Reifejahre 140
Lärm 140
Schauspiel 141
Eigenheit 142
Stolz 143
Hypnose 143
Nenner 144
Verkopft 144
Dankbarkeit 145
Chemie 146
Zwiegespräch II 147
Herbstlicht 149
Palast 150
Kavalier 151
Abgeschieden 152
Gast 153
Treibstoff 154
Freude 156
Glück 157

VII. Fragmente der Heimkehr 158

Musik 158
Anruf 159
Schatten 160
Treiben 161
Neubeginn 162

Muse	163
Fund	164
Singen	165
Geduld	165
Erinnerung	165
Dank	166
Eröffnung	167
Gedanken	168
Hoffnung	169
Augen	169
Aufgabe	169
Gabe	169
Worte	169
Bereitschaft	170
Ohnmacht	170
Traum	171
Freudenhaus	172
Wissen	173
Atem	174
Gang	175
Ende	176
Blick	177
Lichtung	178
Verzeihung	179
Zerrissenheit	181
Zuflucht	182
Obdachlos	183
Ergänzung	184
Sperrstunde	185
Vergangen	187
Umbruch	188

Epilog 189

Gewissheit	189

Einleitende Worte
Der vorliegende Gedichtband artikuliert das gesammelte Schweigen und die leisen Töne aus einer ausschweifenden und erfahrungsreichen Zeit. Es bringt das Flüstern und die bisweilen zurückgehaltenen Beobachtungen eines introvertierten Charakters zum Ausdruck. Denn obgleich das Leben in der hier umschriebenen „Sucher- und Versucherphase" objektiv gesehen wild, maßlos und anmaßend, weitläufig und weltoffen, schwermütig und doch bejahend, rauschhaft und selbstzerstörerisch war, der Geist der Neugierde und Unruhe mich umhertrieb, kein Fest ausgelassen wurde, kein Exzess ausgedehnt genug sein konnte, die Nächte und Reisen immer zu kurz waren und fast jede Erfahrung meinem Lebenshunger willkommen war, so blieb ich auf der subjektiven Seite dennoch ein empfindsamer, verletzlicher, verschlossener, nachdenklicher und kreativer Mensch, den nur die Freundschaft und ein Notizbuch vor dem Gefühl der Vereinsamung schützte. Und um diese andere Seite ausleben zu können, gewährte mir neben der Freundschaft auch die Dichtung eine Möglichkeit des geistigen Überlebens. In dieser Kunstform fand ich eine Zuflucht für die vielfältigen Erlebnisse, Augenblicke und Gedanken, um so das eigene Innenleben auszudrücken und die Erfahrungen zu konservieren.

Die hier abgedruckten Gedichte entstammen dieser Phase des lauten, des suchenden und versuchende, des sehnsüchtigen und aus- und umherschweifenden Lebens. Und wer das Vorwort bisher gelesen hat, der wird geahnt haben, dass der Gedichtband kein Alterswerk ist. Er entstammt der letzten Phase des Erwachsenwerdens.[1] Und die Zeit des Erwachsenwerdens ist oft auch eine Zeit des zweiten Erwachens, dann wenn man seine Sozialisation hinter sich lässt: des Erwachens von wesentlichen Lebensfragen und der Suche nach einem tragfähigen Lebensentwurf und der damit verbundenen Sehnsucht nach Verwirklichung.

Und wer wach und sich seiner existenziellen Einmaligkeit wirklich bewusst wird, für den ist das Leben oft eine problematische Angelegenheit. Zumindest ist dies für jene so, die nicht den „gewöhnlichen Weg" gehen wollen, jene, die den Ethos des Etablierten, die Haltung der Herde verneinen, die sensibel für sich und ihre Umwelt sind, die den Mut besitzen

---

[1] Dies bedeutet aber nicht, dass die Gedichte nur für LeserInnen in dieser Altersstufe von Interesse sein könnten. Denn die Gedichte behandeln, da ich früh begann mich mit Philosophie und Religion zu beschäftigen, wesentliche Aspekte des menschlichen Lebens, was sie für einen größeren Leserkreis attraktiv machen könnten.

sich auch gegen Widerstände auszuleben, da sie vielleicht eine andere Lebensauffassung haben als die eigene Herkunft es erwarten lässt. Darum zeichnet sich diese Phase auch durch die Kollision von eigenen Ansprüchen, Prinzipien und Idealen mit den gesellschaftlichen Erwartungen und Verpflichtungen aus. Zudem ist man gerade in der heutigen Zeit in besonderem Maße einer reiz-, möglichkeits- und informationsüberladenen „Multioptionsgesellschaft" (P. Gross) ausgesetzt, wodurch die Zeit des Erwachsenswerdens vor allem durch Infragestellung, Orientierungssuche, Sehnsüchten und Ängsten geprägt ist.

Dieser Lyrikband schildert in vielfältigen Gedichten diese suchende und versuchende Phase des „zu sich und zur Welt-kommens". Es ist das poetische Dokument einer *persönlichen* „Sattelzeit" (R. Koselleck), da in dieser Phase grundlegende persönliche Werte für das weitere Leben gefunden wurden. Ferner schildert es die inneren Kämpfe und die Intensität der erstmaligen Erfahrungen, die autosuggestiven, lyrischen Monologe und Auseinandersetzungen mit sich und der Welt, in die man ungefragt hineingesetzt wurde. Somit zielt es darauf ab, einer eigenen Geschichte des Erwachens und Erwachsenwerdens Ausdruck zu verleihen. Und dieses das Schweigen brechende Wachwerden kennzeichnet im Einzelnen die Erfahrung der Liebe in ihren vielen Facetten, Sehnsucht und Verlust, Umbruch und Erprobung, es ist Aufbruch, Abgrenzung, Kritik und Spott, es ist Idealismus und Reise, Rausch und Euphorie, Einsamkeit und Schwermut, Gebet, Andacht und philosophisch-spirituelle Suche nach eigenen Antworten, Zielen und postmateriellen Werten. Zumindest nahm ich die Phase meines Erwachsenwerdens und die damit verbundenen Schwierigkeiten und Auseinandersetzungen so wahr.[2]

---

[2] Dennoch: auch wenn ich diese Gedichte einige Jahre später nach dem Studium der Erwachsenenbildung veröffentliche: was Erwachsensein aus juristischer und biologischer Perspektive zu sein scheint, ist mir bekannt. Was Erwachsensein im pädagogisch-anthropologischen und damit einem normativen Sinn bedeutet, weiß ich aber noch immer nicht! Wenn es u.a. Verantwortungsübernahme und das bewusste Tragen der Konsequenzen für sein Handeln und Leben bedeutet, dann war ich schon mit zwanzig Jahren erwachsen, da ich vor mir und anderen rechtfertigen konnte, was ich tat. Wenn Erwachsensein aber bedeutet angepasst zu leben und nicht mehr wachsen, sich nicht mehr entwickeln und verändern, nicht mehr experimentieren zu dürfen, steif und „spießig" zu werden, dann bin ich froh auch heute noch nicht erwachsen zu sein, da dies Stagnation bedeutete. Wenn aber Erwachsensein als „Sachlichkeit und Mitmenschlichkeit" (Th. Ballauff) verstanden wird, dann war ich zu diesem Zeitpunkt noch nicht erwachsen, da eher die eigene Selbstverwirklichung und eine individualistisch-ästhetische Lebenshaltung im

Einen besonderen Stellenwert nimmt im Gedichtband ein menschliches, ewig aktuelles Grundbedürfnis und Gefühl ein, das nicht nur dem Erwachsenwerden zuzuschreiben ist, sondern das in allen Lebensaltern mehr oder weniger präsent ist und ersehnt wird: *die Liebe*. Und die Liebe wird in ihren Nuancen und ihren Höhen und Tiefen umschrieben: Die Sehnsucht danach, ihre Idealisierung, Verliebtsein, Angst vor Zurückweisung, Verlust und versuchter Neuanfang…

Wenn mich jemand früge, welches Lebensgefühl im Gedichtband durchklingt, dann würde ich antworten, dass eine *Art romantischer Existenzialismus* dem Gedichtband die Grundstimmung gibt. Denn was zählt ist das bewegte, einsame Erlebnis der Innerlichkeit, die Liebe in ihren verschiedenen Farben, „die Natur" als Ursprung und Spiegel[3] und das ambivalente Gefühl vom „Schwindel der Freiheit" (Kierkegaard), das sich in der oft beängstigenden Auseinandersetzung mit dem individuellen Lebensentwurf und *den eigenen* zu beantwortenden Lebensfragen zeigt.

Die Chronologie der Entstehung der ausgewählten und überarbeiteten Gedichte wurde weitestgehend beibehalten[4], da sie – dies sei vorweggenommen - einer gewissen Dramaturgie nicht entbehren. Dies bedeutet aber nicht, dass die Gedichte nicht einzeln gelesen werden könnten. Sie sind auch in der Lage allein und ohne Kontextualisierung zu bestehen, denn sie sind m. E. in weiten Teilen allgemein genug gehalten, dass sich für viele LeserInnen anschlussfähig und unterhaltend sind.

Die ausgewählten Gedichte sind weitestgehend in Reimform verfasst, da die Reimschemata mir - rückblickend betrachtet - zu diesem Zeitpunkt

---

Vordergrund stand. Mit Kierkegaard gesprochen schildert der Gedichtband in weiten Teile die Existenzweise des „ästhetischen Stadiums".

[3] Die romantisch-ästhetische Naturverbundenheit ist keine akademisch aufgesetzte Attitüde, (- ehrlich gesagt mag ich die deutschen Romantiker bis auf Eichendorff und Bonaventura nicht-), sondern das Resultat und Glück einer Sozialisation in einer ländlichen Region und der dort zum Teil noch intakten Natur mit ihrer nicht mehr unberührten, aber immer noch berührenden Schönheit. Man kann diese Lyrik darum auch etwas abschätzig als *provinzielle Poesie* bezeichnen. Diese Bezeichnung wird ihr aber nicht gerecht, da in ihr Wesentliches zur Sprache kommt, das sich nicht mit aktuellen, ephemeren und den urbanen Akzidenzien wie Lebensstilen, Medien, Moden, (Technik-)Trends usw. beschäftigt. („*Existenzpoesie*" träfe es als Etikettierung vielleicht besser.) Diese Lyrik ist bewusst unzeitgemäß, weil sie überzeitlich ausgerichtet ist und sie wirft den Blick auch auf das Ganze. Und zum Ganzen gehörte schon von jeher das, was man als „Natur" bezeichnete.

[4] Die Sinngedichte im „Eingang in ein paar Zeilen" sind aus den verschiedenen Jahren und Phasen zusammengestellt.

eine Struktur und kognitive Stütze gaben, Gefühle, Gedanken und die vielfältigen Erfahrungen für mich selbst in dieser Art zu ordnen und sie gleichzeitig in eine klassische, kunstvolle Form zu kleiden – ohne hoffentlich allzu künstlich, pathetisch, gestelzt und kitschig zu klingen. Aber bei Lyrik geht es m. E. nicht so sehr um die Form, sondern um den Inhalt. Denn es ist einerlei, ob ein Gedicht in freier Rhythmik oder in einer klassischer Reimform verfasst ist; oder ob es dithyrambischen, trochäischen, jambischen oder bacchischen Versmaßen entspricht: Ein Gedicht berührt oder es berührt nicht. Wenn es dem Leser oder der Leserin „etwas gibt", die Einstellung und den Geschmack trifft, die Vorstellungskraft und das Gefühlsleben in Bewegung bringt, zur Meditation einlädt, zum Denken anregt, so ist ein Gedicht im ästhetischen Sinne als gut zu bezeichnen. Und wenn hinzu noch die Form passt und sie eine gestalterische Anmut ausstrahlt bzw. die Form dem Inhalt neue Denkmöglichkeiten und hermeneutische Erlebnisse eröffnet, dann ist es sogar „gelungen" zu nennen. Mehr braucht und kann ein Gedicht m. E. nicht leisten. Der Rest ist Literaturwissenschaft. Am besten überzeugt sich der Leser und die Leserin selbst, ob man Gedichte findet, der er/sie für sich im oben genannten Sinne „gut" oder sogar als „gelungen" bezeichnet.

Wer demnach an Lyrik im Allgemeinen interessiert ist und bei den Worten „Herz" und „Seele" nicht direkt reflexartig und ablehnend an ein Pumporgan zum Zweck des Bluttransports bzw. eine metaphysisch nicht beweisbare Substanz oder ein christlich eingefärbtes Ewigkeitsphantasma denkt, sondern mit diesen Metaphern Bedeutungen wie Haltung, Integrität, Mut, Emotionalität, Empfindsamkeit, Inner- und Verletzlichkeit assoziiert, dem kann die Lektüre dieser Gedichte als Anregung und Unterhaltung empfohlen werden. Ferner könnten auch jene, die den tragenden Klang des Reimes, die Musik des Metrischen, nicht als antiquiert und unzeitgemäß betrachten, an diesem Gedichtband vielleicht eine ästhetische Freude finden.

Wem im Speziellen die Erfahrungen von Liebe, Sehnsucht, Zeitkritik, melancholisch bis heiterer spöttelnder Nachdenklichkeit, Idealismus, des sich Bewusstwerdens und das Gefühl des Andersseins anschlussfähig erscheinen, wer sich noch nicht alt, „erwachsen" und innerlich angepasst fühlt, der wird vielleicht auch das eine oder andere Gedicht finden, das er/sie wie einen neuen Freund begrüßt, so dass man sich bereichert und getragen weiß und merkt, dass man vielleicht doch nicht ganz alleine ist, mit dem was man erlebt, erleidet, denkt und fühlt.

Zuneigung

Oder

Poetisches Programm

Ich im Zentrum der Nacht auf dem Berg beim Mond,
Der schon Äonen im Universum bei der Erde wohnt,
Sterne, die in der schwarzen Unendlichkeit funkeln,
Aber in keinem Satz ihr letztes Geheimnis entdunkeln,
Und den Wolken, die vor dieser Weite vorüber ziehen,
Wurde wie allem einmalig etwas Raum und Zeit gelieh`n...

Und das vielfältige und allbewegte Leben darunter
In dem Menschen mal melancholisch, mal munter,
In engen Dörfern und den einsam, geschäftigen Städten
Arbeiten, verkehren, leiden und auf Hoffnung wetten,
Gibt den Stoff für die kleine und große Geschichte,
In die uns ohne Zustimmung das Unbekannte mischte.

Diese schönheitsreiche und auch abgründliche Welt,
In deren Helle hinein uns die Nacht des Lebens hält,
Mit der ich im Feuer wacher Sinne tief verwoben bin:
In Ehrfurcht, Neugierde und Mut gebe ich mich ihr hin,
Und fühle mich geneigt, in off`nen Bildern und Gedichten,
Etwas von meinem Verhältnis im Ganzen zu berichten.

Eingang in ein paar Zeilen

Sprache
Sprache, ein Mantel, der Nackte kleidet,
Sprache, ein Messer, das in Tiefen schneidet.
Sprache, ein Streicheln, ein Wirken der Kraft,
Sprache ist was mich, dich und Welt schafft.

Lebensdrang
Neben dem rauschhaft und allem Wilden,
Lebt in mir ein gestaltender Drang,
Schaffend Körper und Geist zu bilden,
Die Jahre hindurch, ein Leben lang!

Philosophie
Mit Hingabe hinter allem Schein
Nach Erkenntnis und Wahrheit streben,
Dies sind die hohen Augenblicke
Die die Suchenden je nach Geschicke
In den Fängen der Zeit vergeben,
Um mit Begehren zum Licht, dies Dasein
Zu etwas Heiligem zu erheben.

Gesetz
Alles Leben spricht – Verletz!
Selbst am entlegensten Orte auf Erden,
Denn die Vergänglichkeit ist Gesetz:
Keiner kommt drum verletzt zu werden.

Sehnsucht
Die Seele bewohnt weite Räume,
Sie liebt das Schöne und zu schweben,
Und hätte sie nicht Kunst und Träume,
So wäre wohl der Tod ihr Leben.

Wider der Schönheit
Um sich am schönen Schein zu rächen,
Um reinen Auges die Eine zu finden,
Solltest du im Dunkeln sprechen,
Oder besser noch – erblinden.

Verse der Freien
In Freude tief, im Schmerze schwerer
Und eindringlicher ist das Dasein derer,
Die empfindsam wie ein empfängliches Kind
Entbundenen Blickes und frei im Geiste sind.

Trost
Fünf Dinge schenken heilsames Vergessen,
Verleihen uns ihre übersteigende Gunst:
Es ist neben Tod und trunkenem Besessen,
Die Liebe, der Schlaf und die Freiheit der Kunst.

Bildung
Auf dem Gipfel des Berges zu sitzen,
An sich und seinem Bilde zu schnitzen,
Diese Stunden eines Menschenlebens
Sind am Ende doch nie ganz vergebens.

Zwielicht
Langsam senkt sich die Sonne,
Sie folgt ihrer höheren Pflicht,
Bringt einen Leid, anderen Wonne,
Dem einen Nacht und anderen Licht.

Vermächtnis

Es besiegt allein die Vergänglichkeit:
Liebe, schaffender Geist und das Gedächtnis,
Sie überbrücken den Abgrund der Zeit
Und schaffen für Morgen ein Vermächtnis.

An Aufgeblasene

Wie ein aufgeblasener Ball,
Den einen Stich zum Platzen bringt,
So kommt noch für den der Fall,
Der sich über andere zu erhöhen ringt.

Lebenshunger

Das Wissen aus Büchern ist kalt und tot,
Und ein Anderer will dir zu denken geben,
Sei hungrig wie die Nacht nach dem Morgenrot
Und erfahre: alles echte Wissen steht im Leben.

Beruf

Es genügt dir schon zu deinem Glück
Die einsame Bewegung in dich zurück?
Es genügt Meer, Stift, Leben wie Wein?
Ich schätze, dann musst du ein Dichter sein!

Heimische Höhen

Oben, wo sich der Ruf des Ichs verliert
Und in der Stille nur das Denken regiert,
Dort atmet es sich einsam, doch schön,
Und so wandele ich heimisch in Höh`n.

Lebenselixier
Zwölf Gefühlchen, Gedanken x-mal sieben,
Lust, Langweile, Angst, eine Prise Gier,
Vom Verlangen nach Glück getrieben:
Fertig ist das Lebenselixier.

Aufklärung
Dreimal dachte ich, es sei die Eine,
Doch am Ende war`s von allen keine.
Drum: was ist der romantische Traum?
- Eine Seifenblase mit viel Schiss und Schaum.

Heroisches Lied
Immer wieder und wieder,
Nimmt und nimmt er Leben,
Der dumme Kampf und Krieg,
Denn die heroischsten Lieder,
Die Menschen mächtig erheben,
Schafft und singt leider der Sieg.

Zeilen an Einzelne
Mögen meine Gedichte, Worte und Zeilen
An der Kritik der Kritiker zugrunde gehen,
Sie wollen Stütze sein, Einsame heilen,
Und denen Freunde sein, die mich verstehen.

Mitgefühl
Die Nacht kalt, der Mond rein
Um den her die Sterne leuchten.
Wie viele blicken nun in die Nacht allein,
Die der Liebe Wärme bräuchten?

Wander- und Lebensregel
Dem Ziel entgegen, in wachem Schritt,
Standfest einen Fuß vor den andern,
Im Gepäck Plan B des Weges mit:
So lässt es sich am besten wandern.

Kraft der Liebe:
Was der Natur von der Sonne gegeben,
Das schenkt die Liebe dem Menschleben.

Ambivalenz
Der Gedanke vom Vergehn der Dinge
Liegt als erfahrenes Wissen in meinem Herz,
Er ist Trost beizeiten, und ist eine Klinge
Im Bitteren Glück, im Schönsten Schmerz.

Spielwiese der Selbstwirksamkeit:
Die alleinige Freiheit und Macht die einem gehört,
Spürt der der sich schafft und selbst zerstört.

Die Gunst des Unglücks:
In Lebensphasen fern vom Glück
Kommt jeder zu sich selbst zurück.

Mein Problem
Die Eine, die Liebe, die ewig rote Rose,
Meine große Sehnsucht und kleine Psychose.

Gläubiger Unwissen:
Das Nichtwissen hält Türen offen
So überlebt die Tugend: hoffen.

Klare Kante
Eins über den Kompromiss ist gewiss:
Ein Kompromiss ist immer Schiss.

Erkenntnisertrag
Die schmerzlichen Stunden,
Sind der Augenblicke Regen,
Doch die Weisheit aus Wunden,
Ist der Zeit nachträglicher Segen.

Öffnung
Ein stählernes Selbst, das zerfällt
Erblüht und erfährt reiner die Welt.

Weiblichkeit
Was schien die Welt so grau und trist,
Wenn die Anmut der Weiblichkeit nicht wär,
Die Männer krähten ins Leere auf dem Mist
Und das Leben hätte keine Farben mehr.

Was die Seele ist...
Was nun endlich „die Seele" ist?
Über das Innere wird wenig gewusst,
Geordnetes Chaos auf Lebensfrist
Und immer sind mehr als zwei zur Brust.

Der nächste Tag
Der kleine Helfer und Held Alkohol
Was hat er doch für einen Sinn?
Für eine Nacht trägt und tauge er wohl,
Aber stets rafft er den nächsten Tag dahin.

Ein Versprecher
Sie hat sich ihm frei versprochen,
Sie war ihm, was dem Hund der Knochen,
Und sie hat ihm das Herz gebrochen.
Für wahr: sie hat sich versprochen!

Über Langeweile
Hast du Arbeit oder Geist oder Eile,
Dann hast du niemals Langeweile.

Von Freunden
Was Freunde zusammenschweißt?
Wie die Mehrheit ein gemeinsames Ziel,
Erinnerungen und ein verwandter Geist,
Tätigkeiten, der Rausch und das Spiel.

Mystik
Die Welt innen, ein Universum und mehr,
In dessen tiefer Weite sich alles findet,
Und uns über die Pforten der Sinne her
Mit dem unendlichen Sein verbindet.

Wer schreibt…
Der Volksmund sagt: „Wer schreibt, der bleibt"!
Sicher -, das ist sehr nett, aber doch zu kurz gedacht,
Und wie vieles im Volksmund auch etwas abgeflacht.
Denn erst der, der sich in Andere schreibt,
Ist der, der auch für morgen lebendig bleibt,
Da das, was keiner für Gold hält, wenn's gelesen,
Läuft dahin, als sei es gar nicht erst gewesen.

Lebensschulweisheit
Es klingelt! Endlich ist die Schule aus
Und fröhlich gehen wir nach Hause.
Ein dummer Schüler macht eine Pause!
Ein guter hört aus dem Klingeln raus:
„Das Lernen im Leben ist nie aus"!

Neugeburt
„Du musst hundertmal dich häuten",
Sprach eine Schlange zu den Leuten.
Doch zur Neugeburt fehlen die Gaben,
Und ungern sind die meisten doch allein.
Doch: weil sie Angst zu sterben haben,
Werden viele nie sie selber sein.

Offen
Das Leben, das niemand zu genüge,
Und keiner nach seinem Ende kennt,
Trägt in sich gold-schwarze Züge
Und ein ewiges Spannungsmoment.

Die Jugend (Zu Goethe)
Schmerz ist der Jugend Nahrung
Und heilig die Beute: Erfahrung.
Die Jugend ist ein Hund, ein junger,
Rastlos, neugierig und reiner Hunger!

Lernen
Über gestern klagen? - Nein!
Über gestern will ich lachen!
Morgen wegen gestern klüger sein,
Und meine Sache besser machen.

Wagnis
Gleich einer Schlange werde ich mich winden,
Und den Schmerzen der Außenseiter tragen,
Meinen Weg werde ich schon finden
Und die Wahrhaftigkeit des Herzen wagen.

Sternenlehre
Astrologie? Die Sternenlehre?
Als ob dies etwas Wahres wäre.
So finde ich vom Fisch bis zum Stier,
Von allen Bildern auch etwas in mir.

Dahinter sehen
Wir leben in einer gepuderten Zeit,
Wo alle vor dem alten Spiegel stehen,
Doch wer ist selbstkritisch und bereit
Den Geist dahinter fragend anzusehen?

Drittes Auge
Mit zwei Augen blicke ich mich um,
Mit einem Dritten schau ich die beiden an,
Und so verharre ich in Gedanken, stumm,
Dass ich Welt und mich erkennen kann.

Vom Neid
Der anderen Glück und Habe neiden,
Dieses Gefühl ist fast immer ein Test,
Entweder bleib´ bei dir bescheiden,
Oder sieh, ob sich`s nicht selber machen lässt.

Anerkennung
Der anderen Können neidlos anerkennen,
Dies weil ich frei, groß und edel nennen.

Wesentlich
Wir stünden farblos und kalt,
Die Tage und Nächte lägen leer,
Was gäbe Hoffnung, Freude und Halt,
Wenn der Mut zur Liebe uns nicht eigen wär?

Vom Zorn
Ob aller Zorn etwas tauge?
Beizeiten, doch im Großen nicht.
Zorn ist ein Dorn im Auge,
Der mit blinder Zunge spricht.

Bei Nacht
In der Stille unter den Sternen bei Nacht,
Ist so mancher schon unter Schreien erwacht,
Da sich offenbarte, was sich als sicher bemisst:
Wie einzigartig und bodenlos unser Leben ist.

Wer liebt...
Wer liebt, klammert nicht,
Wer liebt hält nichts zurück,
Und wer liebt, wenn's bricht,
Der lässt gehen und wünscht Glück.

Vom Alter
Die farbigsten Blumen vergehen,
Und die Jahre mehren die Falten,
Doch die, die neugierig und offen stehen,
Über die kann das Alter nicht walten.

Herzenswunsch
Ach! - wenn das leidige Geld nicht wär,
Dann wüsste ich mein Leben halb so schwer,
Dann könnte ich die Stunden, die schönen,
Frei der Kunst und dem Müßiggange frönen,
Frei schaffend sein von irgendwann bis vier:
Diese kleine Freiheit wünsch ich mir!

Erbauliche Rede
Willst Du frei vom Schmerze sein,
So sprich ehrlich, denn die Rede hält rein.
Wenn das Wort auch nicht alles nehmen kann,
So fühlt es sich doch ausgesprochen leichter an.

Von der Eifersucht
Ein Funke Eifersucht ist nicht ungesund,
Im Übermaß eine Leidenschaft, die zerstört,
Ihr klebt der Mangel an Vertrauen am Mund
Und sie gibt den Wunsch nach Herrschaft kund:
Die Herrschaft über jemand, der uns nie gehört.

Vom Eitlen
Der Eitel ist ein armer Wicht,
Der wie ein hübsches Hündlein bellt,
Ewig auf Aufmerksamkeit erpicht,
Ohne die er in ein wundes Schweigen fällt.

Von der Begierde
Die Begierden sind´s, die treiben,
Die Sinn im Leben finden,
Die Worte ins Leben schreiben,
Und uns ans Leben binden.

Gleiches Maß
Guter Wein, guter Wein
Braucht lange zum Gedeih`n,
Drum will guter Wein,
Auch bedächtig genossen sein.

Zwischen Allem und Nichts
Wir sind im Ganzen nicht Nichts,
Wir sind im Ganzen nicht nichtig,
Eher allem die Herren des Lichts,
Aber wir nehmen uns zu wichtig.

Sich zu helfen wissen
Gift und Schmerz wissen zu töten,
Sie verteilen Schrecken und Absolution,
Doch jene, von ewigen Morgenröten,
Sind Gift und Medizin in einer Person.

Am Ende
Was bleibt am Ende von allem vorm Tod,
Was jedem geben und Freude verheißt?
Das große Glück liegt in Höhe und Not,
In der Erkenntnis vom eigenen Geist.

Alternativer Reichtum
Das Leben der Gefeierten, Reichen und Schönen,
Diese Farce verehren? Lieber ist mir da: es verhöhnen!
Mein Körper: meine Villa! Meine Kraft: mein Porsche,
Mein Vermögen: das was ich schaffe und erforsche!

Geburt
Erst aus Schmerz, aus innerstem Beben
Erwachst, was sich Gebären nennt,
Und so wir mancher Mensch im Leben,
Erst durch den Leidensdruck existent.

I. Episoden des Erwachens

Entfremdung
(Rüber, Deutschland)

Stumm und starr standen die Sterne,
Als ich in die kühle Nacht erwachte
Und der Wind aus greifbarer Ferne,
Plötzlich Gelächter zu mir brachte.

Fußwegweit, in einer Hütte im Hain
Feierten viele ein rauschendes Fest,
Und ich dachte im Stillen mit mir allein:
„Wie leicht es sich doch amüsieren lässt!"

Kurz und breit ist mancher Weg zum Lachen,
Doch weit entfernt atmet mir ihr Glück,
Denn zu den Flottvergnügt und Flachen,
Führt für mich kein Weg mehr zurück.

Wie und was wäre ihr Herz ihnen wohl,
Würden sie meine tiefsten Zweifel kennen,
Wäre ihr ganzes verabreichte Glück nicht hohl,
Würden sie wie ich nach Wahrheit brennen?

Vielleicht wäre dann ihr Gelächter stumm,
Und das polierte Jedermanns-Glück ihr Weh,
Es sind nur lösende Fragen: Wozu? Warum?
Und sie stünden vielleicht da, wo ich nun steh!

So harrte ich unterm Schein der Sterne,
In ruhender Flamme stand mein Geist,
Ich blickte über Feld und Flur in die Ferne,
Und fand mich in der Welt verwaist.

Lächeln

Dunkel toben die Gedanken der Nächte
Sie atmen Leere, der Tag schweigt kalt,
Nichts, das mir langen Frieden brächte,
Und Antwort gäbe und Zweifeln Halt.

Doch da nimmt mich tief verwundert
Der Liebreiz eines Lächelns in den Arm,
Es trägt in ein schöneres Jahrhundert
Und verleiht den Tagen neuen Charme.

Eine kleine Geste nur, ein Tupfer Licht,
Sie schmeckt wie Wintersonnenschein.
Und ich wünschte fest, ich könnte nicht
Mehr anders als in diesem Lächeln sein.

Autorität

Als ich mich in der Stille galant,
Aus dem Treiben des Tags entmischte,
Und im Abseits der Anderen, am Rand,
Der Trennung und letzten Liebe gedachte,
Und ein paar Bilder meiner Geschichte,
Mal federleichtes und mal schweres,
Und Gedanken auf dem Gang entfachte...

Als ich in beschaulichem Geschicke,
In mich versank und in die Tiefe ging
Und fest in farbigen Erinnerungen hing,
Mein altes Ich, Inseln und Augenblicke
Glasklar vor mein inneres Auge stellte,
Mich so ganz zu mir selbst gesellte...

Als ich den Abgangsakt der Abendröte erblickte,
Und der Wind mir ein kurzes Lied zu schickte,
Da machte sich Demut vor dem Vergehen breit
Und ich verneigte mich vor der Autorität der Zeit.

Werden

Erkenne Dich und dies überschreite,
Erfühle so dann das Offene und gleite
Vom hebenden Wind hinauf getragen,
Im Augenblick und allen anderen Lagen,
Im Fluss mit Freude, mit Höhe und List,
Dorthin, wo nur du in dir zu Hause bist.

Folgst du deines Windes eigenem Klang,
In Sturm und Ebbe und Überschwang,
So führt er dich deinen Weg entlang.
Wind, dein Freund, er wird dich lenken,
Wird dir in deinem Handeln und Denken,
Die *Unschuld des Werdens*[5] schenken.

---

[5] Nietzsche, Friedrich: Nachgelassene Fragmente 1882-1884, Sommer 1883 8 [19]. Bd. 10. De Gruyter 1999, S. 340.

Neuzeit

Biete dir selbst Geleit
In einer komplexen, an Reizen reichen Zeit,
Da wünsche ich dir Mensch,
Freunde, Gegenwärtigkeit,
Und Zeit zur Ruh.

Halt inne und finde
In der schnelllebigen und eisigen Zeit,
Einen Anker und deine Mitte,
Dies, für dich und mich,
Die sehnlichste Bitte.

Das moderne Leben,
Ist Versuchung, voller Information und Lügen,
An denen du dich verbrennst,
Und verbraucht wirst,
Bevor du dich zu deinem Genügen kennst.

Müdigkeit

(Rüber, „Berg")

Im Sorgental der schlafenden Seelen,
Nebelgetränkt, die Glocken läuten,
Die wie mit Schlägen Arbeit befehlen,
Um Erde und die Tage auszubeuten.

Die Maschine, der Moloch erwacht,
Aus dem Tal wird Lärm hinauf gebracht
 - Langsam erlöschen die Sterne,
Ach Schlaf, mein Freund, wie gerne.

Ganz dem Kreuz der Pflicht ergeben,
Von Tagesstress und Bilder geblendet
Ringen die Menschen um ihr Überleben,
Bis die Nacht das Geschaffene beendet.

Verweht wird die Stille der Nacht,
Aus dem Tal wird Lärm hinauf gebracht
 - Langsam erlöschen die Sterne,
Schlaf, mein Freund, wie gerne.

Der bewegte Tag öffnet die Pforte,
Die gelebte Lüge kommt hinzu,
Und in erzogener Erfahrung und Worte
Tötet es der Nacht Reinheit und Ruh.

Der schnelle und bleiche Tag erwacht,
Verweht wird das Wahre der Nacht.
 - Langsam erlöschen die Sterne,
Schlaf, mein Freund, Schlaf, wie gerne.

Teilhabe

Durchbrich die verschlossenen Türen,
Und geh` den eigenen Weg nach innen,
Kehre ein, um dich selbst zu berühren,
Um über dich und die Welt nach zu sinnen.

Gib dich Dunklem wie dem Hellem hin,
Und wisse: die Gegensätze gehören dazu.
Finde in Freude wie Schmerz einen Sinn,
Und in deinem Atem einen Grund zur Ruh.

Lebe spontan, frei und mit hohem Verlangen,
So wirst du Anteil haben an der zeitlosen Kraft
Und vielleicht zur lichten Erkenntnis gelangen,
Dass das Leben auch in Dir das seine schafft.

Trost

Regen spricht mit dem kalten Wind,
Über blühende Zeiten, die vergehen,
Über Sommertage, die erstorben sind
Und so niemals wieder auferstehen.

Wie Erinnerungen im Farbenreigen
Hebt Wind das Laub noch einmal an,
Bevor in einem flüchtigen Schweigen
Die Sonne in den Winter sinken kann.

Von einer Träne des Sommers befleckt
Wäscht Regen das innere Land wieder rein.
Traurig liegt das alte Tal dahin gestreckt,
Doch tröste dich: bald wird wieder Sommer sein.

Rausch

In mir fließt die pulsierende Woge des Lebens...
In mir hungert das wachsende Feuer des Strebens...
Meine Augen und Ohren, meine schaffende Hand...
Meine Sinne sind vom Wunder *zu sein* gebannt.

Ein Nichts, ein einziger Tautropfen der fällt – erklingt,
Während der Mond in Farben und Musik zerspringt,
Und die geschenkte Luft meinen Adern mit Freude füllt:
Ich fühle mich und mit dem Universum in eins gehüllt.

Mit sezierender Klarheit blickt auch mein Verstand:
Licht entblößt sich ihm jubelnd aus verschloss`ner Hand,
Dass mich dieser leise Augenblick neu ins Leben setzt,
Ich bin erwacht, ich lebe nun, nur Hier und Jetzt!

Geleit

Sie kann wie auf Flügeln tragen,
Weit weg von Mensch und Tag,
Wenn man das Weltunbehagen,
In schöner Ferne vergessen mag.

Sie schenkt den Gefühlen Leben,
Sie gibt Gefühlen stärkendes Geleit
Und ist man ihr in Gänze hingegeben
Erlöst sie fast aus dem Käfig der Zeit.

Sie ist Energie, eine motivierende Kraft,
Die die schwere Stille jäh beenden kann,
Und als Seelenspiegel der Leidenschaft,
Bewegt und treibt sie zum Tanzen an.

Sie gibt wie Liebe frei und hält nicht fest,
Gibt Weite und erschließt alte Schätze,
Und wenn sie die Ketten löst, entlässt
Sie uns aus dem Reich der Gegensätze.

Sie lässt träumen und hilft tragen,
Befriedet beizeiten den inneren Krieg
Sie begleitet als Gefährtin in allen Lagen:
Heilig ist mir die Magie der Musik.

Ungewissheit

Während ich zwischen Blumen hocke,
Werde ich plötzlich ernüchternd wach,
Denn im Requiem der Kirchenglocke
Schleicht der Tod übers Häuserdach.

Wieder wurde ein dünnes Lebensseil zerrissen,
Und aufgestoßen die dunkelste und letzte Tür,
Zum Eintritt in die Halle des Ungewissen.
- Aber keiner *weiß* wohin, keiner *weiß* wofür!

Maß

Ich hielt erstaunt am Wegesrand,
So dass ich mich nieder hockte,
Da eine Blume in gefälligem Gewand
Mich mit ihrer Schönheit lockte.

Ich küsste mit Bedacht, ergeben aus Güte,
Jedes sanfte Blatt ihrer weichroten Blüte,
So dass ich mich mehr der Zeit entrückte
Und freute, da mir ein Augenblick glückte.

Doch als ergriffen von meiner Hand
Ich der jungen Blüte Kelch berührte,
Zerging sie in einem Meer aus Sand,
Da eine Tat *zu viel* uns auseinander führte.

Schuld

Vernunft, du bist uns als Gabe geschenkt
Und zeichnest uns als Menschen aus,
Und wer wie du kritisch das Denken bedenkt,
Dem gebührt Achtung und auch Applaus.

Vernunft, aber der Durst der großen Fragen
Bleibt letzten Endes doch ungestillt.
Und so trinken wir, trinken und ertragen,
Der Menschenwelt uferloses Bild.

Auch im Fall von ersten und letzten Dingen
Sehen wir dich nicht ans Ende dringen
Und auch beim „Was", „Wozu" und „Warum",
Bleibst du zur Antwort letztgültig stumm.

So schwimmen wir in Flüssen der Ungeduld
Im Morast offener Fragen, deiner Schuld,
Hoffnungsschwer selbst am jüngsten Tag,
Ungewiss, was das Sein bedeuten mag.

Neuanfang

Die Sonne, die täglich am Ende ihrer Zeit,
Sich still und leise den Horizonten weiht,
Verkündet in ihrem bedächtigen Untergang,
Schwermütig schön des Lebens Hang.

Sie selbst nimmt dem Tag das Licht,
So dass alle Augen Nichts mehr sehn,
Das Nichts, das dem Satze entspricht:
"Alles was ist, wird und muss vergehen."

Doch verwandelt sie auch die Nacht zum Tage
So dass ich als Unwissender fröhlich frage:
„Ist nicht der Sonne Gesetz und steter Drang,
Symbol von ewigem Werden und Neuanfang?"

Sonnenschein

Der Himmel verhangen in tristem Grau,
Das den Glanz der Sonne gefangen hält,
Und mir den freien Blick der Freude ins Blau,
Mit melancholischer Monotonie verstellt.

Träger Geist und die Bürde der Pflicht
Verwandeln Tau zu Tränen, zentnerschwer,
Wo unter Tageslast und steter Wiederkehr,
Fast der freie Atem des Feuers bricht.

Doch da, ein unverhoffter Sonnenstrahl zwängt
Sich durch einen Spalt im zähen Wolkenlauf,
Und weil er mir Anmut und Wärme schenkt
Blüht der graue Tag in neuer Helle auf.

Weiblichkeit, mild und an neuem Leben reich
Gibst Hoffnung und Schönes - all das zugleich,
Nur du umarmst den Mond, nur Du allein,
Bist aller Tage Schwärze ein Sonnenschein.

Geschmack

Ganze Menschen glanzvoll und bleich,
An dunklen und hellen Bildern reich,
Bei denen bin und verweile ich gerne,
Da ich von ihnen etwas übers Leben lerne.

Mit solchen Menschen etwas zu sitzen,
Zu reden, ein wenig zu weinen und zu witzen,
Und den Geist der Erfahrung zu entfachen,
Der zeigt, dass sie über sich selber wachen,

Solch seltenen Menschen sind mir lieb,
Da des Lebens Griffel prägend in sie schrieb,
Dessen gelebte Zeichen wie in einem Gedicht
Nun aus ihren Taten und Worten spricht.

In dieser Menschen Nähe fühle mich daheim,
Solch Personen kann ich ins Vertrauen binden,
Weil gleich einer Frucht mit Kern und Keim,
Sie ihre Heimat im Geist und Herzen finden.

Traum

Vor meinen Augen kann ich´s noch sehen,
Wie Barbara bedächtig am Zaune saß,
Sie sah einen Baum in der Ferne stehen,
In dessen Zügen sie sich selbst vergaß.

Die Anderen irrten auf dem Hof umher,
Oder standen schwatzend gesellig rum,
Doch in diesem bewegten Menschenmeer,
Blickte Barbara sich nach einer Buche um.

Es war als ob sie beschauliche Zuflucht spürte,
In des Baumes unbeschreiblichen Zügen,
Und im Stillen ihr eigenes Selbst berührte,
Zwischen Menschen und der Welt Ungenügen.

Sie fühlte wohl, der Baum ist des Lebens Ebenbild,
Wir streben, deuten nur und wollen doch versteh`n.
Aber das verwurzelte Verlangen bleibt ungestillt,
Da wir nie in den Himmel der Wahrheit sehen.

Sie saß dort in sich versunken, dachte und blickte,
Gesammelt und selbstvergessen auf einen Baum,
Während das Astwerk im Winde bejahend nickte:
Die Menschenwelt gleich einem gedeuteten Traum.

Brücke

Für wahr, jeder ist für sich, wir sind allein,
Doch einer kann uns
Zu Welt und Mensch noch eine Brücke sein.

Es ist ein selten schönes Glück,
Wenn wir Brücken schlagen,
Und aus dem Schweigen zurück
Uns wieder unter Menschen wagen.

Der Einzige, der uns lockt, dann und wann:
Es ist ein Freund,
Mit dem man sich redend vergessen kann!

II. Zeichen der Sehnsucht

Sehnsucht

Dein bewegter Takt, dein passionierter Tanz,
Dein Welt-Frohsinn und deine freie Eleganz,
Deine Art, voll Hoffnung, Intellekt und Leben
Sinnlichkeit, Gefühl und hohem Streben...

Wenn ich den Blick halte und es vermag,
Dich in allen Stunden in mir atmen zu sehen,
So fühle ich in mir mit jedem Wimperschlag
Wie die Fraglichkeiten der Welt vergehen.

Sehnsucht trägt die Gedanken wie Wind
Alle entfernten Schätze dir zu schenken,
Trägt Hoffnung, dass wir Liebende sind,
Die den stolzen Tod mit Dauer kränken.

Feuer

Wenn sich
Unsere Finger berührten,
Eher zufällig beizeiten,
Willentlich vielleicht,
So lag schon und schön
Verheißene Zärtlichkeit darin,
Wie auch in unseren Augen
In kreuzenden Blicken
Sich ein Bund für Sekunden
In die Taufe der Begierde
Des Feuers hob.

Wenn unsere Gedanken,
Im versteckten Dunkel,
Zwischen Musik und Lärm,
Über die Lippen liefen,
Und wir uns sehen ließen,
Dann feierte die Nacht
Im Tanz Ihr Nähe und
Ungesehen zum Letzten
Vergrub sich träumend
In der Umarmung zum Abschied
Meine Hoffnung
In den tragenden Duft
Deiner Haare.

Augenblick

Wir waren wie Kinder in Watte des Moments gehüllt,
Arm in Arm, nüchtern aber wie betrunken
Und von der Höhe eines Lächelns erfüllt,
Fand ich mich fast ganz in dir versunken.

Es gab keine Zeit, kein Vor oder Zurück,
In deinen Farben verging der Erde die Bleiche,
Und wir stahlen der Ewigkeit ein Stück
Und ahnten etwas vom Märchen der Himmelsreiche.

Herbstmorgen

Ich erwachte in der Morgenstund`,
Der Wecker schrie, die Pflicht, sie rief.
Während der Regen poetisch prasselte
Und der Wind am Rollladen rasselte,
Sprach es in mir am tiefsten Grund,
„Wie schön wär`s, wenn ich noch schlief!"

Der Schlaf, Todes Bruder, eine Ruhestätte,
Und die Geborgenheit im warmen Bette
Sprach zu mir: "Freund, dreh dich um,
Der Tag ist Marter, stolz und dumm."

Zudem wünschte ich du wärst an meiner Seite
Und wir würden uns den heißen Atem schenken,
Und in des Anderen Arme und Himmelsweite
Durch Küsse in ein schöneres Vergessen lenken.

Sternenbild

Dort droben in der Sternenwildnis
Ruht unerkannt ein einsames Bildnis,
Welches dich und mich bei Nacht,
Vereint und zu einem Kreise macht.

Erblickst du es, so verstummt die Krähe,
Mit ihrem dunklen Gesang voll Schmerzen.
Sanft verspürst du dann meine Nähe,
Mit ihrer Stimme in deinem Herzen.

Andächtig vernimmst du aus ihrem Funkeln,
Wie sich deine Sorgen im Licht entdunkeln,
Und sich über Träume und auf geheimen Wegen,
Worte meines Selbst in deine Gedanken legen.

Doch selbst wenn uns das Leben trennt,
Die schöne Einheit des Kreises jäh entzweit,
So ist gewiss, sein erinnerndes Licht, es brennt,
Bis weit hinweg über uns und unsere Zeit.

Nackt

Sinnestrunkene Menschen
Tanzen
Offener Augen
Und doch blind
Auf dumpfe Klänge
Ihres hohlen Götzen
Glück.

Im eintönigen Rhythmus
Des alltäglichen Wahnsinns
Denken sie sich zufrieden,
Doch ihre Blicke,
Spiegel ihres Selbst
Am Ende eines jeden Tages
Verraten leise
Die Wahrheit der Leere.
Verunglimpflicht
Hinter einem gekünstelten Lächeln
Verbergen sie Unsicherheit,
Erschöpfung und Zweifel.

Kleine Könige und Göttinnen
Wollen sie sein,
Schön, erfolgreich und geliebt,
Und ebenso erzogen
Vergießen sie ihren Schweiß,
Verherrlichen
Den ermöglichenden Schein des Geldes,
Verkennen doch
Die Belanglosigkeit ihrer Besitztümer
In Anbetracht
Der unverhofften Ankunft
Des jüngsten Tages.

Wir sind Marionetten
Im Papierscheinchen-Szenario
Des tragischen Theaters,

Gezüchtete Funktionseinheiten,
Statisten der Geschichte,
Spielend aufgedrängte Rollen
Unter der Regie des Erfolges,
Krankhafte Konkurrenten
Im Kampf
Um einen Hauch an
Bisschen mehr
Von Nichts.

Sind wir Maschinen?

Wo sind die Gedanken und in Gedichte
Gekleideten Gefühle,
Die Schmerz und Anmut und auch Einsamkeit verheißen
Und uns zu dem machen
Was wir eigentlich sind:

Menschen!

Habt ihr je verloren
Den Glanz der Augen die ihr geliebt?
Verloren
Den Glauben
An die Selbstverständlichkeit allen Seins?

Was ist eine Blume?
Was ist Liebe?
Erzähl *dir*
Von einen Augenblick
In dem dich das Leben küsste und
Sein befreiender Zauber
Ein echtes, unverfälschtes Lachen
Wie Musik auf die Saiten
Deiner Lippen legte!
Gottes Antlitz,
Habt ihr es je gesehen?
Aber was bleibt zu tun
Wenn ihn wirklich nicht gibt?

Uns beängstigt
Die bedächtige Stille des nächtlichen Regens
- nicht wahr?
Fast mehr noch als der Tod,
Weil die Stille
Unsere Masken verwischt
Und uns zeigt,
Dass wir
Nackt sind!

Glut

Wie gerne würde ich sie ganz vergessen,
Ganz aus der Halle meines Inneren weisen
Nicht vom Tisch der Erinnerungen essen,
Und die jungen Wunden mit Säuren speisen.

Wie gerne würde ich wieder von ihr lassen,
Wenn ich in Stunden der Stille in mich schau`,
Und mit Feuer, Freude und Galle hassen
Das bunte Wesen jener schönen Frau.

Wie gerne würde ich nicht mehr flehen,
Nach ihrem Mund und dem zartem Kuss,
Um nicht nackt und entblößt zu stehen,
In Nachtstunden und altem Seinsverdruss.

Wie gerne würde ich wieder einsam gehen,
Guten Gewissens aufbrechen in die blaue Nacht,
Um ihr schönes Gesicht nicht mehr in mir sehn,
Was in mir noch mit verwehrter Liebe lacht.

Wie gerne wäre ich wieder mit mir allein,
Von aller schwarzen Sehnsucht losgelöst,
Doch wird mein Feuer nicht Asche sein,
Solange noch Glut in meinem Herzen döst.

Heimweg

Auf steinig, mondbeschatteten Wegen
Schreite ich, ein Freund der Nacht,
Seinem traumerfüllten Haus entgegen,
Wo Stille allen Lärm vergessen macht.

Einsam vom guten Glauben schon verlassen,
Geh` ich seelisch nackt durch die Gassen,
Atmet mit tiefen Zügen das Leben ein,
Denn alles Leben will tief genossen sein.

Des Suchens müde spaziere ich dahin,
Mit mir als erster und letzter Sinn,
Um im Fragen, Kämpfen und sich winden
Tagein, tagaus mein Glück zu finden.

Flüstern

Ich dachte, die Glut wäre erloschen,
Gefallen des Gefühls letzter Groschen,
Dass sich nichts mehr schmerzlich regt,
Wenn wer an meine alte Liebe Hand anlegt.

Ich dachte, ich sei wieder innerlich frei,
Dachte, dass ich für neue Liebe offen sei,
Dass ich wieder gewillt mit Bestreben
Mich zum Neuanfang ganz hinzugeben.

Doch wenn sie dich lächelnd tanzen seh`,
Kehrt es wieder: die Sehnsucht und das Weh.
Leise flüstert es dann in meinem Zimmer:
„Du lebst in mir – leider noch immer!"

Morgen

Gestorben bin ich schon oft
Durch Selbsterkenntnis und Pein,
Denn es blieb immer erhofft,
Rein zu werden und ganz zu sein.

Mit Geist habe ich mich verzehrt,
Am täglichen Mahl der Seelenkunde,
In Eitelkeit habe ich mich verehrt`,
Hinab bis auf des Abgrunds Grunde.

Ich schüttelte herab die Bürde,
Die mich selbst gefangen hielt,
Und entwickelte so die Würde
Auf die am Ende das Freisein zielt.

Alles Leben heißt sterben müssen,
In verlassenen Stunden ganz allein,
Begierig die Angst der Nacht zu küssen,
Um mehr als man selbst zu sein.

Ein Zauber liegt im lebendigen Tod,
Im überwundenen Selbst verborgen,
Gleich im hoffnungsvollen Abendrot,
Ein frischer Hauch vom neuen Morgen.

Tugend

Hohe Jugend, bewegte Zeit,
In der wir frei wie ein großes Kind,
Auskostend zu fast allem bereit,
Und für die Circe Leben offen sind.

Jahre voll Hunger, Flamme und Wut,
Mit Experimenten und eigenen Idealen,
Jahre mit Forscher- und Kriegermut,
Und dem Hang zum Spiel und freien Qualen.

Grenzen gilt es zu erproben und zu brechen,
Die einem bürdevoll von Anderen auferlegt,
Um sich nicht verleugnend zu rächen,
Am Atem und Leben, das sich im Inneren regt.

Schöne Jugend, du sollst nun enden,
Am Todestag der jüngsten Pflichten,
An dem sich Freie winden und wenden,
Um Herzenstreu über sich selbst zu richten.

Doch ein Wunsch der bleibt bestimmt,
Wie eine im Gedächtnis eingebrannte Tugend,
Der Wunsch, dass die Flamme weiter glimmt,
Denn: Leben will Lust und ewige Jugend.

Idiot

Mit Müdigkeit vom Tage als schwere Fracht,
Entglitt ich sanft in süßem Schlaf der Zeit,
Da hatte ich einen erbaulichen Traum bei Nacht,
Vom stillen Zauber der reinen Menschlichkeit.

Ich sah, Menschen ohne Angst ihr Haus verlassen,
Sie tanzten einander vertraut im Grau der Gassen,
Selbst Feinde reichten sich versöhnend die Hände:
Eine tragbare Wahrheit für alle brachte der Kämpfe Ende.

Ich sah, alles gekünstelte und kalte Licht erloschen,
Alles herrschend Geld und Gold zu Blech gedroschen,
Stumm waren die toten Maschinen, die lärmten,
Während der Glanz der Sterne unsere Seelen wärmten.

Ich vernahm, dass die erste Anmut der Stille lebte,
Und der volle Mond als einziges Licht über allem schwebte,
Ich vernahm den Wind, er trug Lieder in befreite Ohren
Zu Menschen, die sich ewigen Frieden schworen.

Ich sah, dass ein jeder erleuchtet für sich erkannte,
Dass göttliches Feuer, in allem brennt und brannte,
Ein jeder einsah, dass nichts bedeutender zu sein,
Als ein Leben in Liebe dem Augenblick allein.

Ich sah, wie der Sommerregen Habe und Macht verwischte,
Und die Menschen als gleich untereinander mischte,
Dass selbst Herr und Knecht sich umarmend vereinten,
Die maskenlos Tränen von Glück und Freude weinten.

Ich sah, die Menschen ohne Sorgen und Leid,
Jeden Einzelnen, die Ärmsten ihres Hungers satt,
Ich sah, für alle im Morgen eine reiche Zeit,
Wo jeder überall Heimat und im Herz ein zu Hause hat.

Ich hatte vor kurzem einen Traum bei Nacht,
Wäre ich doch nur nie aus ihm ins Wirkliche erwacht!
Des Tages sehe ich Menschen, die kalt ein Nichts ausloten,
Ach! Ich hatte einen Traum, - den Traum eines Idioten.

Einheit

(Rüber, „Berg")

Über des Berges fast unberührten Rücken
Fließt weiß wie Milch der Nebel sanft dahin,
Und ich fühle mit frohem Entzücken
Wie alles in einander greift und mich darin.

Langsam, schwermütig und doch leicht,
In Gestalt und ruhendem Fluss des Seins
Fließt der Nebel, im Geleit des Mondscheins,
Bis er verschieden den Fuß des Tals erreicht.

Zu diesem Augenblick, einem ewigen Nun
Zum silbrigen Monde, Sternen gesonnt,
Sterne, die dort droben alle Zeiten ruh`n,
Gebärt sich glühend am weiten Horizont
Die wärmende Sonne, pittoresk und purpurrot,
Tag schaffend, und Leben, aus Nacht und Tod.

Tag und Nacht erblicke ich frei und vereint,
Sehe das Werden geheiligt und den Tod verneint,
So dass ich mich ganz in den Moment ergieße
Und mit dem Leben tiefe Freundschaft schließe.

Geschwister

Wir begegnen uns mit Zeichen, hier und dort
In geistiger Gunst und Gedanken tief und offen,
Wir legen uns in ein jedes gesprochene Wort,
Da wir noch auf die Idee der Liebe hoffen.

Auch wenn wir fallen wie das Blatt vom Baum
Fallen durch diesen farbenreichen Lebensraum,
So trägt uns Menschen beizeiten vertrauter Wind
Da wir ähnlich und Geschwister im Geiste sind.

Ich wusste, dass wir uns irgendwo her kennen,
Ich sah es deinen ewig tiefen Augen an,
Denn das was wir mit dem Wort *Leben* benennen
Zeigt sich so eindringlich nicht jedermann.

Du schautest mehr als andere je sehen,
Drum werden nur wenige dich verstehen.
Aber verzagen nicht an den Andern,
Alles Leben heißt geben und alleine wandern.

Dein Hunger nach Erkenntnis und Wissen
Lässt dich des Tags nackt und allein,
Und so wird für deinen Geist das Kissen,
Ewig die Nacht und die Sehnsucht sein.

Du willst in die Lust der Ewigkeit tauchen,
Rein sein in deinen täglichen Gebärden.
Dem Leben Liebe und Tiefe einhauchen,
Um am Ende ganz du und Mensch zu werden.

Doch fühlst du dich von der Hoffnung verlassen,
Findest dich in die dunkle Einsamkeit eingelassen,
So lausche den sanften Klängen der Wipfel im Wind
Sie erzählen, dass wir geheime Geschwister sind.

Licht

Eine zierliche Flamme begrüßt die Nacht,
Dass die Dunkelheit im Licht erwacht,
Die der kühlen Schwärze für geraume Zeit,
Die malerische Magie ihres Glanzes leiht.

Das Kerzenlicht wächst aus dem Blau heraus,
In schimmerndes Gold der Sonne gleich,
Und verwandelt den Raum im Haus,
In eine Kirche und kleines Königreich.

Allein tänzelt das kleine Kerzenlicht
Schwermutsvoll schön im Raum umher,
Und taucht, da es das Dunkel bricht,
Alle Dinge in ein umschattetes Farbenmeer.

Es flackert, zittert, mal brennt es in Ruh,
Wirft selbstlos Licht und Schatten zu,
Und wird vom leichtesten Hauch bewegt
Dessen Tanz es spiegelnd ins Dunkel legt…

Luft schenkt Leben, die es verzehrt,
Welches es mit steter Flamme ehrt,
So dass es weiter spendend Helle gibt,
Da das Licht leuchtend zu atmen liebt.

Doch während es brennt, flackert und sinnt,
Und weißer Wachs sich lautlos der Erde weiht,
Der wie in Tropfen von Tränen zu Boden rinnt
Nährt das Licht auch die eigene Sterblichkeit.

Kälte

Oder

Per Anhalter

Ich gehe
Bereits Stunden
Über den harten Asphalt
Mit müden Füßen
Und der
Last meiner Schatten,
Schwer und allein.

Durch Fenster der Sehnsüchte,
Schau ich neidlos
In Träume der Schlafenden,
Die in Käfigen ihres Sichergedachten,
Biedere Feste
Einer verkehrten Freiheit feiern.

Freudig flimmert das Fernsehen,
Tanzend Bilder,
Dem Volke empfänglich,
Brennen sich bereit
Ins Auge der Kritiklosen.

Eine hohle Fröhlichkeit,
Fratzen, schneidig geföhnt und formuliert,
Lachen mich an,
Als ich vorüber schreite.

Wer kommt und nimmt mich mit
Wo ich zu Hause bin?
Der Tod vielleicht?

In Hochglanzkarossen,
Gestaltetem Schrott,
Fahren meines Gleichen ihres Weges.
Ihre Augen sehen mich,
Und

Sie sehen sich in ihren Sorgen
Und übersehen,
Dass Liebe
In der kleinsten Geste beginnt,
Die gibt.

Geblendet im Schein,
Kurz vor dem Schrei,
Bleibe ich stehen.

Ignoranz siegt
Über die Freiheit,
Dass sich Verzweiflung
Wie Blei in meinem Blick zementiert.

Einer nur, der anhielte,
Im Lachen,
Mit Blicken unverlogen,
Wenige kurze Worte
Wären genug der Brücken,
Über den Abgrund
Unserer Mitmenschlichkeit.

Frostbeklommen,
Vom Firmament mit Liebe bekleidet,
Schreite ich fort,

Allein

Während der Mond,
Mit sanfter Glut
Mir die Wärme schenkt,
Die jene Welt nicht zu geben weiß,

Weil Angst sie beherrscht!

III. Unterwegs in Afrika und anderswo

Abschied

Fröhlich sang der Frühling Sinfonien
Voll Hoffnung und Schmerz,
Durch die aus geschenkter Tiefe
Meine Zuneigung für
Einen Weg der Wahrheit
In die Anmut der Weite erwachte.

Der Sommer tanzte sinnlich,
Umarmte unbekümmert
Die Gabe von tausend Augenblicken,
Aus der Freiheit und Fülle heraus,
Da alles in mir wieder rein
Und im geraden Gang
Mit sich eigen war.

Doch heute streift der Wind
Durch der Bäume gekröntes Haupt,
Trägt Blätter der Erinnerung zu Boden,
Wo das Laub der Vergänglichkeit
Leere Erden bedeckt,
In denen einst Leben blühte.

Der Winter kommt,
Klopft an die eiserne Pforte
Und bringt den Tod
Von Zeiten, die nie wiederkehren,
Sodass ich aufbreche und
In den Traum des Südens gehen muss,
Um neu geboren zu werden.

Stadtnachtgedanken
(Kapstadt, Südafrika)

Hört ihr nicht das Ungeheuer, das Grollen der Stadt,
Das bloß Hunger, keine Rast noch Ruhe hat,
Ein Monster ohne Moral, mit Nacht sogar am Tag,
Welches nichts als uns alle verschlingen mag.

Wände von Kälte und Hass wurden erbaut,
Da befremdet keiner mehr dem anderer traut,
Und niemand wird je ruhig, friedvoll und satt
Weil jeder Angst um sein Blech und Habe hat.

Und: wie kann ein Ohr sich bloß daran gewöhnen,
An diesen Lärm, die Kakophonie und das Dröhnen?
Vermutlich ist der Sinn fürs Schöne schon verbleicht,
Wie Licht durch den Nebel nicht zum Auge reicht.

Kinder ohne Liebe in diese wüste Welt geboren,
Sind von der Stunde der Geburt fast schon verloren,
Da Elend, Armut, Hass und jede kalte Nacht,
Sie als Opfer ein Schritt mehr zum Täter macht.

Die Stadt in ihrer Gier und ewigen Glut
Wie ein Monster, das nie schläft und nie ruht,
Welches stetig schlägt, drängt und pocht
Zerstört, wie ein Selbst, das sich nie gemocht.

In ihr überleben nur die Großen und die Starken,
Die kräftigen Unternehmen und bekannten Marken,
Die das Zentrum mit leuchtenden Zeichen schmücken,
Und den Charme der Stadt mit Uniformität erdrücken.

Die Stadt, wie ein Krebsgeschwür, das sich weitet,
In alle Richtungen seine Hässlichkeit verbreitet,
Und mit Stein und Beton die Natur bedeckt
Dass nur Wüste im Keim der Städte steckt.

Auch der Mond schaut traurig hinab und drein
Der uns Menschen Tränen aus Mitleid schickt,
Fragt, wie kann ein Geschöpf so verblendet sein,
Dass es sich selbst im Stein und Smog erstickt?

Zivilisiert, kultiviert gar, nenne sich jene in ihr,
Aber ist es kultiviert, die Kälte, Ungleichheit und Gier?
Auf mein Lachen und Blut halte ich eine Wette:
Der Geist der Stadt, der Menschlichkeit Grabesstätte.

Müßiggang

Untätig doch schaffend, hier und dort zu liegen
Hier und dort beschaulich zu hocken,
So über alles geschäftige Gewissen zu siegen
Um aus sich Worte von Gold zu entlocken...

Dies weiß gut der Genügsame zu tun,
Der sich selbst der erste und letzte Drang,
Er vermag allerorts in sich zu ruhn,
Als Urheber der Tat und froher Neuanfang.

Das Flüstern der innersten Stimme führt
Ihn fort, zu sich selbst nach Haus,
Wo er einen lichten Punkt in sich berührt,
Aus dem strömt es aus sich selbst heraus.

Er beobachtet, ist tätig und ruht gern auf dem Kissen,
Während er denkt, träumt, schafft und richtet.
Alles darunter hieße das reiche Leben zu vermissen,
Denn er fühlt sich und der Lust verpflichtet.

Jene, welche ihn einen Nichtsnutz nennen,
Sind oft gefangen in Konvention und Zwang,
Und vielleicht werden sie sich nie selbst erkennen,
Heraus aus der Gabe und Kunst zum Müßiggang.

Leben

Wohl an Freund, erwachen und auf,
Begeben wir uns hinein in den Lauf:

Lasst uns erproben, was jeder vermag,
Schüler des Lebens sein für Jahr und ein Tag,

Lasst uns lachen, lernen und leiden
Und dabei auch das Dunkel nicht meiden.

Lasst uns tanzen, nutzen aller Stunde Gunst
Der Freiheit huldigen, der Liebe und der Kunst,

Lasst uns prüfen, erkennen und geben,
Berauscht sein, Schönes schaffen und schweben.

Lasst uns die sein, die sich empören und erheben,
Liebende sein, selbst in Schmerz und Not,

Kommt: wir reichen die Hände dem Leben,
Aber wir nehmen ihn niemals an: den Tod.

Geschenk

Mein Freund, halte inne und gedenk`:
Dein einmaliges Augenlicht ist ein Geschenk!
Du weißt dies gut zu leben an Sonnentagen,
Kannst dich dann in Leichtigkeit selbst ertragen,
Doch ist`s mit dieser Weisheit schwerer zu halten,
Wenn Verzweiflung und Schwärze in Dir walten.

Doch lass selbst sie als Gaben in dir wüten,
Auch dieser Baum trägt Früchte und Blüten,
So wirst du bald vielleicht schon merken,
Aller Schmerz, er will dich bloß stärken,
Dich wappnen für die nächste Lebensnacht,
Da überwundener Schmerz uns reicher macht.

Sehnsucht

(Malawi Lake, Malawi)

An fernen Ufern lag ich allein und trunken,
In mich und meine tiefe See versunken,
Während ich zum Meer der Sterne blickte,
In deren Arme ich meinen Atem schickte.

Wieder sah ich in der weiten Sternenwildnis,
Meiner vergangenen Liebe geschenktes Bildnis,
Dass die Sehnsucht erwachte und wiederkehrte,
Und ich mich gegen den Ansturm der Ebbe wehrte.

Wie gerne wünschte ich sie wär nun bei mir,
Doch nicht die Frau der Eltern, befangen im Morgen,
Zu tanzen mit dem Kind und der freien Frau in ihr:
Diese Sehnsucht lag in meiner See verborgen.

Wie gern würde ich mir ihr den Trübsinn bleichen,
Zeigen wie honigsüß sich die Freiheit bemisst,
Ihr den Nektar von Mangos und Feigen reichen,
Und mit ihr entdecken, was noch alles zu entdecken ist.

Wüste

(Death Valley, Namibia)

Ich traf den gütigen Geist der Wüste,
Höflich reicht er mir die Hand,
So dass er mich freundlich begrüßte,
Herr der Stille - so wurde er genannt.

Er trug ein goldenes Königskleid,
An zarten Zügen, wie Samt war der Sand,
Dass er in Anmut der hohen Erhabenheit
Die Schönheit der Sonne an sich band.

Leicht wogte seine seidene Tracht,
Fürs Auge geschmeidig wie Rosenhaut,
Und die zeitlose Anmut seiner Pracht,
War vom Sturm und Kuss des Winds gebaut.

In Wechsel malten Schatten und Licht
Ein nuanciertes Gemälde auf sein Angesicht,
In dem Wellen und Kanten, im Zauber verspielt,
Und Hell und Dunkel sich die Waage hielt.

Die Leere und Fülle von Mond und Sonne
Waren es, die sein schönes Antlitz heilig priesen,
Die ihm in der Tage und Nächte Tiefe und Wonne
Aus Liebe ihren Schutz und ihr Geleit erwiesen.

Zu aller weiblichen Schönheit Überfluss
War er noch gleich einem echten König weise,
Also er nach einer Umarmung und einem Kuss
Worte sprach, an Gehalt tief, aber im Tone leise:

„So wie ich zur Freundschaft Dir die Hände bot,
Bevor du wie viele an einem falschen Selbst gelitten,
So kommt gewiss, wie zu allem, auch zu dir der Tod,
Nachdem du über einen Pfad von Sand geschritten.

Drum sprich Dich von allem Besitze frei,
Lasse los von allem was Du hältst und hast,
Giere nicht nach Ansehen, Geld oder allerlei,
Denn auf dem Weg zu Dir ist es nur Ballast.

Hier bei mir gebettet im Zentrum der Stille
Siehst Du voraus, was ist und wirklich bleibt,
Es ist dein Auge, Ohr, Mund, Hand und Wille
Und die Königin der Kraft, die Liebe schreibt.

Sei Du Quelle, Fluss und Meer in das du mündest,
Sei du der Born aus dem geweihtes Wasser quillt,
So dass du aus dir deinen Gang begründest,
Der sich selber mit Sinn aus eigenen Tiefen stillt.

Kannst Du in dich zurück sinken und dort ruh`n,
So dass sich dort gebärt dein Seelenwort und Wille,
So wandelst du als kleiner Gott in eig`nen Schuh`n,
Und wirst gleich mir Herr des Lebens und der Stille."

Easy

(Monkey Bay, Malawi)

We walked smoothly hand in hand,
Celebrated her last african night,
We walked drunken in golden sand,
While the moon stood shiny und pride.

She has travelled a lot around the world,
But she couldn´t find a place to rest her soul,
Cause she was too young to settle down,
So to experience life was her goal.

We lay next to the wilderness and a lake,
While kisses took the music of the shore away
Celebrated the game of give and take,
And one touch turned the night to day.

Without expectations we layed side by side,
In the warmness of a hut and a naked candle.
Celebrated with kisses her last african night:
Love in a free state of mind is so easy to handle.

Vertrauen

Wenn wir uns im Dunkel wiederfinden,
Wo kein Stern durch den Nebel scheint,
All unsere tiefsten Hoffnungen schwinden,
Und das Herz Träne der Schwere weint,

Wenn in uns der bittere Zweifel waltet,
Der an das Gute nicht mehr glauben macht,
Und unser letzter, glühender Gedanke erkaltet,
In stiller Stunde der eisigen Winternacht.

So arbeitet das Leben in unserem Herz,
Gießt seine Weisheit in unsere Adern ein,
Spricht in uns, wir in ihm durch den Schmerz,
Denn im Vertrauen - wir sind nie ganz allein.

Wenn das stolze Tagewerk uns zu wider geht,
Unsere Verzweiflung in ewig gleichem nährt,
Und des Abends kalter Wind stürmend weht,
Der durch einen Spalt ins Haus der Hoffnung fährt,

Wenn wir uns im tiefstem Tale entdecken,
Da der Pfad zum Gipfel zu steinig gewählt,
Die Hände aus der Stille gen Himmel strecken,
Da die kalte Einsamkeit uns zu Tode quält,

Dann weiht das tiefe Leben uns seine Kraft,
Jenen Macht, die in allem aus sich selber schafft,
Dann kehrt aus dem Dunkel ein Licht in uns ein,
Worte des Vertrauens, - wir sind nie ganz allein.

Muschel

(Coffee Bay, Südafrika)

Einst gelegen in weichem Meeressand
Umspielt von des Ozeans reichem Leben,
An der keine Feier der Flut vorüber schwand
Deren strömender Fülle du dich nicht hingegeben.

Du trugst einst eine glänzende Perle in dir,
Hattest kräftige Wände mit leuchtenden Farben,
Doch nun liegst du dort verblasst vor mir,
Mit vielen Kratzern und kratergleich tiefen Narben.

Die Gewalt einer Flut hat dich wohl zerschlagen,
Und mit Inbrunst ans dürre Ufer getragen,
So ruht nun dort deine Schönheit in Scherben
Und erinnerst mich daran,- alles muss sterben.

Doch trotz deines Gebrechens im Sand,
Nehme ich den Rest deiner Anmut zur Hand,
Hänge dich über meine Brust am Halse hin,
Als Erbe der Erinnerung, dass ich deines gleichen bin.

Bekenntnis

Die helle Nacht, die mich lockte und hinaus rief,
Als der volle Mond über den leichten Süden
Des Ozeans Biegung und der blauen Küste lief,
An der die Welt am Finger, im Netz der Müden
Im Wüstentraum des reichen Westens schlief,

Da schaute ich vom Mond über die Meere
Gab mich hin und mit tiefen Wünschen auf
Den Weg jenseits von Zeit und Schwere,
Folgte den Wellen auf den Grund im Lauf
Und ging ganz in einer erfüllten Leere auf.

Armut, Krieg, Macht, Menschen in kalter Ferne,
Eine Welt ohne Zukunft und Ziel, sie hat sich verirrt.
Aber wie Meer, Tier, Mensch, Erde und Sterne
Es drängt zusammen, ist Tod und Werden: es wird!
Und ja, ich bekenne: trotz allem lebe ich gerne!

Abschied

(Kapstadt, Südafrika)

Lebt wohl Horizont und Brandung, lebe wohl Meer,
Ein letztes Mal darf ich schweigend vor dir stehen,
Und wie immer schmerzt und fällt es mir schwer,
Nicht mehr in dich und an deiner Grenze zu gehen.

Langsam, lang und frei mit beschaulichem Blick
Lief ich in deine tiefblaue und endlose Weite,
Die mich aufnahm und mit magischem Geschick
Von Galle und schwarzen Gedanken befreite.

Meer, in deine Arme legte ich meine Schwere,
In deinen fliehenden Weiten zerstob alles zu Staub,
Selbstgenügsamkeit ist deine schweigende Lehre,
An die ich, wie andere an Worte eines Propheten glaub´.

Seit den Anfängen der Erde geht Ebbe und Fluten,
Spielt ein Ewiges am Gestade das Lied der Gezeiten,
Und ebenso lasse ich mich von meinem Guten,
Im langen Augenblick in eine bejahte Zukunft leiten.

Ich verspreche dir wie immer, ich komme wieder,
Um in dich und am Rand deiner Unendlichkeit zu gehen,
Aber für jetzt danke ich für Licht, die Ruhe und Lieder:
Lebe wohl Meer, ich liebe dich - auf Wiedersehen!

Suche

Wenn der Mond in der Stille am Himmel steht,
Der Nordwind durch mein befleischtes Gerippe weht,
Und die Fraglichkeit auf dem Gang durch die Nacht
Mich zu einem Suchenden nach Heimat macht,

Dann streife ich befremdet in diese Welt eingelassen
Über die betretene Erde und durch das Grau der Gassen,
Und erblicke in Höfen, die gekünstelte Blumen säumen,
Wovon die Schlafenden Tage und Nächte träumen.

Fast alle wollen sie Unterhaltung und unbeleckt erscheinen,
So geben sie sich den Erwartungen der Gesellschaft hin,
Oder sie träumen von ewiger Sicherheit und vermeinen,
Das Leben hätte in Profit und Erfolg seinen höheren Sinn.

Doch mir, der Erkenntnis, das Schöne und die Freiheit ehrt,
Für mich haben diese Allerweltziele keinen echten Wert.
Denn die Aura des Anderen umgibt den, der freier denkt:
Es blüht im Verborgenen, was den Freien Freude schenkt.

In der Liebe zum Leben bin ich fremd und verschieden,
Auf der Suche nach Wahrem, Sinn und innerem Frieden.
Zur Mehrheit aber, bringt mich kein Weg lebend zurück:
Ich fühle anders und der Anderen ist nicht das meine Glück.

Eine

Ich stand dort angelehnt und schaute in Ruh,
Schaute dem Geschäft der Nacht bedächtig zu,
Bis sich meine Augen plötzlich wie im Sog befanden,
Und eine Schönheit meine Blicke an sich banden.

Durch den Dickicht geschminkter Fratzen,
Spazierte eine schüchtern wie auf leisen Tatzen,
Sie schlenderte gemächlich, in verhaltenem Tanz,
Und beschämt gar die Sonne mit ihrem reicheren Glanz.

Durch den Nebel und Dunst von hundert Seelen
Leuchteten ihre Augen gleich zwei Juwelen,
An denen behaftet ein Edelstein als Träne strahlte,
Der sie in der kühlen Farbe des Taus traurig malte.

Ich war wie ergeben, gefangen in ihrem Bann,
Allzugern schaute ich ihre zeitlos zarten Züge an,
Und ließ meinen Blick mit ihr im Raume schweifen
Und mit jedem leisen Schritt kleine Träume reifen.

Ihr Haar leuchtete, eine Gestalt rein goldenen in Seide,
Sie war der Gipfel der Nacht, für das Auge eine Weide,
Ihre Augen strahlten wie Gestirne unter tausend Lichtern,
Sie war mir Eine, eine Insel im Meer von Gesichtern.

Wochenende

Bekannt sind wir uns nur aus der Ferne her,
Wenn für einen Lidschlag das Licht angeht,
Und aus dem Maskenball und Augenmeer,
Der Hauch ihrer Anmut zu mir herüberweht.

Ein jedes Ende der Woche ist und wäre leerer,
Der Aufenthalt unter den vielen fiel mir schwerer,
Wenn ich ohne das Leuchten ihrer Augen sein müsst`,
Deren Dasein mich mit dem Wissen um Anmut küsst.

Sie lockt und ich höre leise Rufe aus ihrem Blick,
Oder sind`s bloß die Sehnsüchte, die ich ihr schick´?
Aber egal was es ist, nur eins lässt mir keine Ruh,
Die Antwort auf die Frage: "Wer - und wie bist Du?"

Komfort

Ob nun der Abend unterm Zeichen des Zufalls stand,
Oder ob des Schicksals Knoten uns zusammen band,
Man kann´s nur deuten, nie wissen, noch versteh`n,
Ganz egal,- ich war erfreut über unser Wiedersehen.

Wir sprachen belebt über die Schönheit alter Zeiten,
Von Liebe, Ländern, Weg und vergangenen Herrlichkeiten,
Plauderten begeistert, scherzten, witzelten und lachten
Selbst noch als wir zur Nacht das Licht ausmachten.

Zu allem Glück, so dass ich nicht vor Einsamkeit erfror,
Schenktest du mir Wein, Südfrüchte und Komfort
Schenktest für eine kühle Nacht in deinem Bette
Mir einen Unterschlupf und eine freie Ruhestätte.

Dein Atem war es der mich erhitzte und kühlte,
Den ich wie Wind über meine Wange streicheln fühlte,
Dessen versuchungsvoller Hauch mich dazu verführte,
Dass mein Mund den Honig deiner Lippen berührte.

Bald sprachen wir keine entzweienden Worte mehr,
Wir redeten die Sprache des Inneren über die Sinne her,
Lernten im Dunkel die Wege bis zur Grenze zu wandern,
Und verloren uns wie der Tropfen im Meer des andern.

Wir führten, tasteten uns zum Morgen durch die Nacht,
Berührten uns sanft wie Sonne und Mond es macht,
Berührten uns heraus aus der Zuneigung sanften Kraft,
Unter der Weihe von Sinnlichkeit und Leidenschaft.

Ein Stück Zuhause botest du einem Heimatlosen,
Botest ein Bett mit Begierde wie ein Beet den Rosen,
Du schenktest einen schönen Abend in kalter Zeit,
Und mit deiner Wärme das Gefühl von Geborgenheit.

Heimweh

Der volle Mond schaut durchs Fenster rein,
Irgendwie blickt er traurig und zu mir her,
Spiegelt aus der Ferne einen Krümel Sonnenschein,
Und erinnert wie schön es in ihren Armen wär.

Er fragt flüsternd: "Wo ist die reine Sonne,
Die nur dir ganz hingegeben und alleine strahlt,
Wo ist der Weiblichkeit Weiche und Wonne,
Welches dein Innerstes in Farben malt?"

Eine Antwort aus der Leere wusste ich keine,
Ihm aus meinem tiefsten Gründen zu geben,
Doch ich hoffe, es wartet draußen eine,
Wie für den Mond nicht tausend Sonnen leben.

Jenseits

Nach einem Abend mit Rausch und Leidenschaft,
Fand ich zum Aufbruch Wille und die letzte Kraft,
So erhob ich mich und setzte ich mich einsam frei,
Ich ging in die kalte Nacht hinaus, - an allen vorbei.

Nach nichts sehnte ich mehr als nach einem Hafen,
Sehnte mich nach etwas erhoffter Stille und Ruh.
Ich weiß nicht mehr wie es kam, dass wir uns trafen,
Doch vor mir stand ein Engel, rein golden – Du.

Das Dauerdröhnen einer kalten Welt wurde leise,
Erloschen war in deiner Gegenwart mein Gram,
Als zärtlich und schweigsam, in sich öffnender Weise,
Ein jeder den Andern in die Obhut seiner Arme nahm.

Die Erinnerung bleibt wie wohl ich mich dort fühlte,
Da alles in deiner Nähe schwieg, was in mir wühlte,
Und reinigender Regen über meine Wange lief,
Während meine Schwere in deinen Armen schlief.

Ich dachte es können nur Minuten gewesen sein,
In denen ich gleich allen, nicht wie sonst allein,
Aber der Augenblick stand, die Welt wurde weit,
Und ich schwamm mit dir ins Glück jenseits der Zeit.

Hindernis

Wir spazierten frei im Menschenmeer
In dem auch jeder noch so eigene unterging,
Während mein Blick sich mehr und mehr
Im südlichen Zauber des deinigen verfing.

Wir schlenderten lächelnd trunken,
Gleich zwei Kindern im süßen Wahn,
Im Zentrum des Augenblicks versunken,
Dass wir tiefer ins Geheimnis des anderen sahn.

Wie das Dunkel nach dem Licht besessen,
So tauchte ich ins Schwarz deiner Augen ein.
Es machte alle bewegte Welt um mich vergessen,
Wie Nacht erlischt im Glühn vom Sonnenschein.

Mal glänzten unsere Gespräch mit Geist,
Mal waren wir neckisch wie Narrin und Tor,
Waren offen und tief, mal ernst und dreist:
Am letzten Tag aber war nichts wie noch zuvor.

Über drei zweisame Tage kamen wir uns nah,
Dass ich dich am Ende mit anderen Augen sah,
Verjüngter Qual, tiefer noch als am ersten Tage,
Marterte ich mich alsdann mit einer Frage:

"Liebe oder Freiheit, welchen Weg von beiden
Soll ich denn nun aufrichtiger Weise gehn?
Freund, es heißt sich zu entscheiden,
Denn allzu schwer ist´s beides vereint zu sehn!"

Hätte ich treulich auf mein Herz gehört,
So hätte ich gern deine Lippen berührt,
Doch damit wäre die Freundschaft zerstört,
Und ich hätte mich von der Freiheit fortgeführt.

Entgegen der Tage war voll Abstand die Nacht,
Meine Unentschlossenheit hat dich krank gemacht.
Verzeih das Zögern und Zweifeln in meinem Wollen,
Denn ich hörte beim Abschied eine Träne rollen.

Wie es weiter geht weiß und wusste ich nicht,
Keine Ahnung wie es in mir in Zukunft spricht.
Und was meinen die, die sagen, dass sie sich lieben?
Du gingst fort, doch ich wünschte du wärst geblieben!

Bòheme

Am Vulkanrand ein Lichtglück,
Eine Oase mit Freunden.

Die trocknen Füße trugen wir
Trocken in die See
Und schwammen
Durch ein Fenster in den Wipfeln
Zum tanzenden Gestirn
In Gesprächen.

Eine Rebe süßte das Schweigen
Mit einem Wimpernschlag Glorie,
Derweil ein Gemälde
Wie Schuppen aus den Zweigen fiel
Und am Bergfuß
Mit malerischem Applaus
Unblutig den Betrieb erschlug.

Schön war´s dank euch,
Freunde.

Ich hoffe, wir heben
Bald wieder
Den Mittelfinger liebevoll
Gegen die ach so feinfühlige Welt
Und bewegen uns frei am Rand
Für Stunden volle Freundschaft und Helle
In den endlosen Gärten.

Gesang

Bergwind, ewiger Geist ist niemals gefangen,
Er streift zärtlich durch mein noch kräftiges Haar,
Lässt Wüste ein Paradies sein, durch die ich gegangen;
Es erscheint mir die Welt wie dem Kinde wunderbar.

Gestärkt durch Schmerz, Einsicht und Applaus,
Breite ich die Arme zur Umarmung der Erde aus,
Und liebe wie eine Melodie mit musischen Schwingen:
Das Leben ist schön. Mir ist danach zu singen…

Ich besinge meine erweckende Leere wie die Stille,
Wie allein, doch gut bisher mein Leben war,
Worte, meine Würde, die Wahrheit, mein Wille,
Der Regen tanzt und Wind streift durch mein Haar…

IV. Erfahrung aus Indien und ähnliches

Väter

Zur unpassendsten Zeit und Orte
Macht ihr den Winter existent,
Und werft schneidend vereiste Worte,
Deren Inhalt keine Liebe kennt.

Nur weil ihr aufgewachsen und erzogen
An eurer Väter steinharten Brust,
Der um eine Familie euch betrogen,
Da von alters her er es nicht besser gewusst,

Meint ihr nun, dass es das Beste ist,
Das gleich mit euren Kindern zu machen,
Weil ihr nicht erfahren habt und wisst,
Wie schön es mit Vätern als Freund zu lachen ist.

Ich hätte gern in euere Seele geschaut,
Als eure Väter euch Schmerz zu fügten,
Und einem die Menschen, auf den man baut,
Mit rostigen Messern durch die Seele pflügten.

Eure Väter sind nun schon einige Jahre tot,
Fort und unerreichbar weit von euch entfernt,
Doch habt ihr aus deren Fehler, eurer Not,
Nichts an Mitgefühl und Freundschaft hinzu gelernt?

Auf Ansehen, Geld und Erfolg habt ihrs gewagt,
Auf das, was vor euren Vätern stolze Größe gibt,
Aber habt ihr Harten je einem Mensch gesagt,
Dass ihr ihn vermisst und mögt oder gar liebt?

Ihr kalten Väter mögt eure Söhne,
Wenn sie euch nach dem Kopfe denken,
Wenn sie euch mit Pflicht und Löhne,
Und dem Glauben an euren Weg beschenken.

Mich einst hilflos, traurig und noch klein,
Drängtet ihr in die Arme der Wüste,
Wo sich auf mich gestellt und allein,
Das Glück gebar, das mir die Nacht versüßte.

Nun komme ich einige Jahre später,
Allen anders aus meinem Kerker zurück,
Doch die einzigen Worte meiner Väter:
Stirb Träumer, stirb Hoffnung, stirb – Glück!

Könnte ich es noch, so würde ich weinen,
Wie einst als ihr mich allein gelassen,
Und so will ich etwas widerwillig fast meinen:
Es ist schwieriger zu lieben als zu hassen!

Fortgang

Ich bade bedacht in Zweifeln
Über den Fortgang einer ungewissen Zukunft,
Doch das Erbe der Erinnerungen schenkt Vergessen
Von Fesseln eines verlorenen Fortschritts.

Wir welken im Wüstentraum des Westens und tanzen
Sklaven unter den Klauen des Geldes, denken sich glücklich,
Dass sie nicht alleine sind.

Ansehen und eine Kette der Unabhängigkeit für jeden der sich verkauft.

Die Mächtigen vermarkten Menschen und den Glauben an uniformiertes
Glück in Palästen aus sprödem Glas.

Der Tod geht um,
Bedeckt langsam das Land,
Legt lange Schatten gleich dunklen Schwingen
wie einst über die Stadt,
Ruinen als Andenken an das Begräbnis
In die Anmut unserer Ursprünge.

Aber Meer,
Wie könnte ich vergessen
Als ich dich das erste Mal sah:
Der unbefleckte Mond legte eine purpurne Legion
Über den Kamm der Wellen,
Während sich in der Unendlichkeit über uns die Sterne liebten:
Stillschweigend
Wie du in deinen Tiefen
Dankte ich der Schöpfung
Dazu sein.

Wir sind Gäste, nehmen was uns nicht gehört,
Doch die Zukunft fordert den Preis für unsere Gier
Und eine Rechtfertigung für unseren reichen Untergang.

Aber auch ich werde weitergehen,

Den Kelch entleeren auf der Tafel der Vergänglichkeit
Fest feiern,
Etwas einsamer vielleicht unter meinen Freunden
Aber atmen und leben für die freien Momente,
Augenblicke der Liebe und Eingebung entgegen
Dem Schmerz
Über die Wege dieser Welt.

Gebet

Es heißt auf Wiedersehen zu sagen,
Und froh den Abschied zu nehmen,
Auf Wiedersehen den kalten Tagen,
Auf Wiedersehn den alten Schemen.

Aufzubrechen in eine neue Welt,
Wachsam, allein und auf sich gestellt,
In eine Welt, wo das Leben anders ist
Und sich der junge Morgen neu bemisst.

Drum sende ich meine Bitte aus,
Zum ordnenden All, wem auch immer,
Über Häuser zum Gestirn hinaus,
Zur Sonne, in der Sterne Schimmer.

Gewähre Gesundheit, gebiete Geleit,
Du Schöpfer unter der Sternenstille,
Einen Schüler, der sich vom Joch befreit,
Erfülle mit Offenheit, Licht und Wille.

Schenke Mut auf unbekannten Wegen,
Weihe mir Weisheit in deinem Segen,
Trage auf Händen, wer in die Welt verreist,
Sei du mein Zuflucht und Ort - ewiger Geist!

Sei du das Auge, welches über mich wacht,
Sei du mir die Sonne in der dunkelsten Nacht,
Sei du die Kraft, die mich auf dem Wege lenkt,
Und mir Erkenntnis, Schutz und Schönheit schenkt.

Lachen

Im gleichen Fluss, alle Tag ein und aus,
Ging ich die Zeit auf gewohnter Fährte,
Wo der Menschen Denken, Art und Haus,
Genüsslich meinen Weltverdruss ernährte.

Das Zuhause fern, Heimat, ein toter Ort,
An dem mein Wachstum ein Ende fand,
Da der Tag und bald ein jedes Wort,
Ein weniger der Liebe an sich band.

So ging ich in die Fremde, entfloh der Nacht,
Und wurde in reicher Freiheit zum Lebemann,
Dass der Zauber der Ferne, geheimer Macht,
Es vermochte, dass ich wieder lachen kann.

Einer

(Bombay, Indien)

Ein Gesicht unter Milliarden Gesichtern,
Ein milder Stern unter Sternenlichtern,
Eine Stimme unter Milliarden Kehlen,
Eine Seele unter gestorbenen Seelen.

Folge dem Wunsch, was du tun musst,
Folge der ersten Stimme in deiner Brust,
Denn die Ewigkeit fragt nicht nach,
Wie es in dir in jener einen Stunde sprach.

Du bist nur einer unter Millionen,
Die Geschichte und diese Welt bewohnen,
Du, einer, der wohl nur einmal lebt,
Wie ein Vogel den Weg nicht zweimal schwebt.

Sei ein wenig härter und feiner,
Und werde unter allen andern Einer,
Denn Gott nicht, in keinem Leben,
Wird Dir die Sünden deiner selbst vergeben.

Trost

(Om Beach, Indien)

Ich will euch erzählen
Von einer Tröstung im Traum der Nachts,
Als eine Armee Ameisen mit
Tausend halben Monden bestückt
Mir ein Mandala malten,
Das mich
Und alle Angst
In seine Arme nahm.

Ich fand Frieden,
Denn ich selbst ließ mich fallen
In den Kreis
Eines neuen Königreichs,
Wo für einen Augenblick
Zum Ozean geworden
Mein Geist
Körperlos
Im Unendlichen atmete,
Und ich
Reines Bewusstsein
Und
Frei und
Eins
Mit allem
War.

Frieden

(Varkala, Indien)

Mit Freiheit und Stift in Händen,
Liege ich fast nackt auf dem Bette,
So wird der Ort zwischen den Wänden,
Mir zur Heimat und einer Ruhestätte.

Leise rauscht derweil das Meer,
Zu dem leichtes Gitarrenspiel erklingt,
Musik, die Wind aus der Ferne her,
Zurück zu mir ins Zimmer bringt.

Kerzenlicht erhellt mir den Raum,
Junge Früchte nähren, ein Becher stillt,
Und an die Wände von dunklem Saum,
Wirft mir der Schatten ein bewegtes Bild.

Ich blicke in mich und blicke zurück,
Schaue wachsamer Augen umher,
Und fühle die Liebe zum Leben als Glück,
Ohne die alles Nichts und Leere wär.

Ich höre das Schlagen in meiner Brust:
Ich glaube und lebe – ich weiß wofür,
So trete ich mit neuer Lebenslust,
Einen jeden Morgen vor die Tür.

Perlen der Erinnerung tanzen
Wie die Sonne auf dem Meer,
Es war gut bis dann im Ganzen,
Freund, was brauchst du mehr?

Zwiegespräch

Der Erwachte
„Freund, lange hast du geschwiegen,
Warst still und hast nichts gesagt,
Bist in den Abgrund hinabgestiegen,
Dorthin, wo sich nur eine Schlange wagt.

Andere hackten in Taten auf dir herum,
Haben mit Worten ins Fleisch geschnitten,
Doch immer bliebst du wacker und stumm,
Und hast in stillen Stunden allein gelitten.

Mir dünkt ich sehe dich noch schlafen,
Bist du atmend noch nicht erwacht?
Du lerntest schweigen und dich bestrafen
Bei Tage als auch bei Nacht?"

Der Schüchterne:
„Wohl wahr, Erwachen, ich war schüchtern,
Und wie betäubt war fast mein Wille,
Doch nun bin ich nachts selbst nüchtern,
Und ein Schrei beendet die alte Stille.

Denn im einsamen Abgrund unten,
Als ich bei meinem Gotte lag,
Habe ich gesucht und gefunden,
Was ich nun in Tag und Höhe trag.

Schwer wogen der Druck und mein Leid,
Tief und dunkel war mein Born,
Doch es scheint nun an der Zeit,
Für Blitze von Wahrheit und Zorn.

Friedvoll werde ich weiter sein,
Gegen Freund, Feinde beißen,
Denn wer wie ich lange allein,
Dem wird Sieg noch Rache heißen."

Besserung

Für sie schlug mein Herz,
Doch ich wagte nichts zu sagen,
Lieber war mir der Schmerz
Des Schweigens umher zutragen.

Als Freundin schätze ich sie sehr,
Lächelnd reichte ich ihr die Hand,
Doch in mir atmete im Stillen mehr,
Mehr als ich mir selbst eingestand`.

So ging ich gerade an ihr vorbei,
Ihr Zauber war bald vergessen,
Ich dachte mich schon wieder frei,
Um mich an einer anderen satt zu essen.

So begehrte ich bald eine neue,
Der ich begegnet, vor einigen Wochen,
Doch nun: zur zeitlichen Treue
Weiß ich jetzt wohl ihr Herz gebrochen.

Wie der, der sich vorm Tod betrog,
Kehrte die Wahrheit auf mich zurück,
Dafür, dass ich mich halbwissend belog,
Zu meinem und vielleicht ihrem Glück.

Doch noch scheint nichts verloren,
Denn Licht schafft Reinheit und April,
Dass durch die Einsicht neugeboren,
Ich ihr mehr als ein Freund sein will.

Wie ich mich auch wende und drehe,
Ich bin mein Hunger, Mahl und Esser,
Dass ich nun eine Spur heller sehe:
Beizeiten geht`s einfach nicht besser.

Shiva

(Andamanen, Indien)

Totenbleich stand der Mond,
Haushoch aber tobte das Meer,
Und von Dornenblut umkront,
Litt ich am Leben schwer.

So nahm ich ein hölzernes Boot,
Und stach jählings in die raue See,
Ohne Angst vor Schiffbruch und Tod ,
Trug ich mit im Gepäck all mein Weh.

Ich trieb so mit allen Winden,
Auf den Weiten der Meere,
Wollte meine Wahrheit finden,
Zwischen Leid und Leere.

So trieb ich auf dem Kahn allein,
Und warf alle Last über Bord,
Niemand wird je Zeuge sein,
Denn ich beging auch einen Mord.

Vielleicht auch zwei oder drei,
Niemand wird die Toten vermissen,
Doch ich atme wieder frei,
Und habe zum Schlaf ein Kissen.

So segelte ich auf dem Meer,
Bis ich nachts an ein Ufer kam,
Nun leicht was einst schwer,
War gelichtet all mein Gram.

Lächelnd stand nun der Mond,
Wellenlos lag das offene Meer,
Vom Lächeln sanft umkront,
Blickte Gott Shiva zu mir her.

Dünn und federleicht waren alle Sorgen,
Drum sank ich im Sand auf die Knie,
Und sprach an meinem jungen Morgen:
„Schaffer Shiva, verlass mich nie."

Leidgesang

(Varanasie, Indien)

Überleben wollen alle atmenden Seelen
Die Leere nähren um des Glückes Willen,
Doch wie viele Kinder und hungernde Kehlen
Leiden auf der Erde die Hölle im Stillen?

Wie viele unter den Milliarden Menschenherzen,
In der sich weitenden Wüsten der Lebensstadt,
Darben und fallen mit Tränen in Schmerzen
Und werden zu Opfern und des Tags nicht satt?

Wie viel Glück liegt in Trümmern und Scherben,
Wie viel Tränen und Blut ist dahin geschwommen,
Ewige Massen der Menschen atmen und sterben,
Wie viel Leid wird uns noch zu Augen kommen?

Wie viel Trauer und Schmerz verträgt die Welt?
Wieviel Unglück wird täglich in ihr geboren?
Die Erde dreht sich und der Mensch, er fällt,
Welcher vom Leben *und* sich zum Leid erkoren.

Schwermut

(Trivandrum, Indien)

Gestern war ich noch ganz froh,
Schaffend trunken ohne Wein,
Heute doch blüht's mir nicht mehr so,
Dass Trunkenheit will Träne sein.

Zwar liegt das blaue Meer,
Noch immer vor mir ausgestreckt,
Aber brach ist mein Geist und leer,
Welcher Zeit mit Zweifeln neckt.

Es stürzte über mich hinein,
Als ich an freien Versen schrieb,
Denn ich fand mich ganz allein,
Als ich mein Geschäftlein trieb.

Ich fragte: „Wer versteht dies noch?
Vielleicht ist sinnlos all mein Tun",
So wurde ich mir selbst zum Joch,
Und ließ mich nicht mehr ruhn.

„Und: wer will noch schweres lesen,
Wenn Unterhaltung bereits gut genug?"
So zerstörte mein Zweifels-Wesen,
Meinen vogelgleichen Höhenflug.

Ich liege umwundener Schmerzen,
Meinem Kopf ist's schwer zu Mut,
Und wälze zwischen tanzenden Kerzen
Meinen müden Geist in seinem Blut.

Auch unter Menschen wär es nicht besser,
Ich würde wohl sie und mich bestrafen,
Das Beste für Müde und Menschenfresser,
Ist bei leerem Kopf wohl: schlafen!

Vielleicht bin morgen wieder heiter,
Vielleicht blinkt meine Schrift wieder gestrafft,
Denn auf des Herzens Himmelhöllenleiter,
Wird ohne Glaube an sich nichts geschafft.

Ekel
(Irgendwo mit dem Zug in Indien)

Ich stand dort beschaulich wie so oft,
Während ich in und um mich blickte,
Und mir wie ein Blitz ganz unverhofft,
Eine Krähe ihr Krächzen schickte.

So wurde mir vom Zufall und Leben
Die Hässlichste zugesandt,
Welche, wo niemand noch eben,
Direkt in meinen Augen stand.

Es war eine alte Frau, eine Obdachlose
Mit einem Bettelbecher in der Hand,
Sie trug Schmutz und wie eine welke Rose
Lumpen als Gossen- und Armutsgewand.

Doch ihr Gesicht war was mich erschreckte,
Dass mir ausgetrocknet der Atem stockte,
Und ich nach Luft und Blindheit reckte,
Während Schmerz einen Pfahl in mich pflockte.

Unter ihren Augen, hungernd schwer,
Klaffte ein meertiefer Abgrund auf,
Denn es war dort nichts und leer
In ihres Gesichtes weiterem Verlauf.

Es fehlte ihr Nase und der Oberkiefer,
So blickte ich entsetzt in ihre Kehle,
Und so bohrte sich tief und tiefer,
Des Mitleids Pfahl in meine Seele.

Welchen Schmerz muss sie wohl tragen,
Allzu gern wird sie gemieden sein,
So steht sie wohl in fast allen Lagen,
Ausgestoßen durch ihr Äußeres allein.

Auch ich schaute bald weg und mich um,
Kehrte ihr betroffen den Rücken zu,
Doch ihr Antlitz schaut mir stumm,
Selbst in den schönsten Stunden zu.

Dieses Gesicht erzeugte mir Schrecken,
Ein Abbild der Welt, düster und trist:
Wird Schmerz toten Geist erwecken,
Dass Hölle ein Begriff von Erden ist?

Dies Gesicht barg das Schaudern der Welt,
Wie der Tod starrt es mich als Einsicht an,
Dass neben das Edle und Erhabenste gestellt,
Die Erde voll Ekel und Schmerz sein kann.

Abrechnung

Viel Geld habe ich schon verbrannt,
Asche in Tag und Nacht gestreut,
Doch, auf der and`ren Hand,
Nicht einen Cent davon bereut.

Ich besitze nicht viel Dinge und Habe,
Dies ergibt für mich wenig Sinn,
Wenn ich mich genügsam erlabe,
An dem, wo ich mit Herz im Geiste bin.

Es fließt, Geld kommt, und Geld geht,
Und es ermöglicht etwas Leben,
Doch wer auf mehr Dienen steht,
Der möge nach Götzen streben.

Was soll alles Geld wacker horten,
Meiner Erfahrung bin ich Erbe,
Ewig Gold, mit anderen Worten,
Ist mein Inneres, wenn ich sterbe.

Ein Leben genügsam und bescheiden,
Danach steht meinem Stolz der Sinn,
Denn ich will nicht am Gelde leiden,
Am Streben nach Karriere und Gewinn.

Einsamkeit

(Annapurnagebiet, Nepal)

Regen plätschert auf dem Pfade,
Kühl und frisch ist der stille Raum,
Und nur der Kerze wärmende Gnade
Erhellt mir diesen gebrechlichen Traum.

Ich liege hier und blicke zurück,
Schaue umher und tief in mich hinein,
Sehe Bilder von Leid und Glück,
Momente von Nacht und Sonnenschein.

Ich versuche in mein Leben zu lesen,
Hebe Erlebtes zur Erfahrung im Verstande an,
So, dass bald alles was war und ist gewesen,
Ich mein eigenes Wissen nennen kann.

Ich will die Welt durch mich klären,
Da ich sie mit eignen Augen sehe,
Und mich mit Erkenntnissen belehren,
Was ich an diesem Rätsel nicht verstehe.

Wie auf einem wilden Pferde,
Bin ich der Horde entschwunden,
Weit entfernt von Mensch und Erde,
Etwas verloren, aber ungebunden.

Regen plätschert auf dem Weg,
Es wärmt nur der Kerzenschein,
So mein Freund, nun überleg:
Mehr noch als andere bist du allein!

Dichtung

Der Welt erste und letzte Zusammenkunft,
Wer kann ihren eisernen Schleier heben?
In ihr Geist und Gesetz, Blitz und Unvernunft,
In verliebter Nähe sich zum Ganzen weben.

Gäbe es einen absoluten und reinen Verstand
Und blickte dieser in den letzten Winkel hinein,
Dem reichte das Geheimnis des Seins die Hand,
Doch könnte dies kein Mensch mehr sein.

Nie hat wer letztgültig zu sagen vermocht,
Was die Welt zusammenhält hinterm Schein,
Wozu wir sind, Zeit wächst, die Erde pocht,
Stets dichten wir uns ins Leben selbst hinein!

Anmaßung

Ob am Fuß vom Berge,
In der Brandung am Meer
Oder unter der Sterne Ewigkeit:
Täglich wirken wir vermessen.

Ach! Was sind wir Zwerge,
Die denken sie wären wär,
Wenn wir unsere Nichtigkeit
Vor lauter Eitelkeit vergessen.

Weggefährten
(Annapurnagebiet, Nepal)

Auf dem hohen Dach der Welt,
Wo ich einsam ging und sann,
Habe ich mich zu euch gesellt:
So ging´s vereint zum Gipfel an.

Mühsam war der Weg nach oben,
Er forderte von jedem einzelnen Wille,
Doch der Gipfel von Weite umwoben,
Beschenkte uns mit der Anmut der Stille.

Wir gingen gemeinsam in stetem Schritt,
Durch Mustang malerisches Märchenland,
Dass der Wegschmerz, den ein jeder litt,
In der Schönheit der Ferne schwand.

Auch im Geist waren wir dem Gipfel nah,
Dass wir an den blauen Himmel rührten,
Darin Lüfte atmeten, so dünn und klar,
Die uns wie Adler in Höhen führten.

Wir begegneten uns und schwitzten,
Wanderten durch farbenreiches Grün,
Und da wir auch alberten und witzten,
Wurde fast zum Spiel all unser Müh´n.

Von der wilden Natur waren wir angetan,
Aus der des Unsagbaren Sprache spricht,
Die in ihre Vielfalt und ihrem höheren Plan,
Uns selbst mit in ihren Reichtum mischt.

War sie Zufall, unsere Zusammenkunft?
Aber wer kennt die weltbewegende Kraft?
Doch trotz allen Regeln und Unvernunft,
Wurde zwischen uns ein Bund geschafft.

Meine Freunde und freien Wanderkumpanen,
Ich bin erfreut und geehrt euch zu kennen,
Da wir aber unsere Zukunft anders planen,
Mussten sich auch unsere Wege trennen!

Wellenberge

Majestätisch,
Schichtet sich Stein auf Stein
Vor meinem Blick am Gestade
In die endlose Stille,
Ins Blaue, tiefer als Meer,

Majestätisch,
Türmt sich Stein auf Stein
Wie brandende Wellen
Aus uralter Bewegung
In die Höhe, schöner als schwer,

Majestätisch,
Türmt sich Stein auf Stein
Vor meinem Blick am Gestade
In die stählerne Weite,
Ganz so, als ob Ewigkeit möglich wär.

Gipfelmusik
(Annapurnagebiet, Nepal)
Auf den blauen Gipfeln der Welt
Lebt Raum und der Blick greift weit,
Und jeglicher Gedanke zerfällt,
Denn: es spielt Zeit mit Ewigkeit.

Der Menschen Belange und Sorgen,
Werden leerer und verschwindend klein,
Und ich wünsche mir nun für Morgen,
Ich könnte in mir nur noch auf Gipfeln sein.

.

Stadtpalastdschungel

Der Stadtpalastdschungel heißt willkommen,
Wo es für einen jeden einen passenden Tempel gibt,
Geschäfte und Banken für die ehrlich Frommen,
Wie einen Mensch, der den nächsten Käufer liebt.

Geld wird gern fröhlich flattern gesehen,
Am besten Scheinchen in Scharen, groß und bunt,
Keiner soll mit leeren Händen nach Hause gehen,
Denn etwas in Händen zu halten ist gesund.

Alles glänzt, dem Blick darf nichts verblassen,
So dass Neonleuchten neue Evangelien erlassen.
Im Licht steht das frohe Gebot geschrieben
"Du sollst dich wie dein Eigentum lieben!"

Von Autos atemraubendem Duft umschwebt
Hört man die Massen einende Lieder singen
"Herr, Heiland, der Erlöser, der im Gelde lebt,
Wird uns mehr prunkene Paläste bringen.

Herr, der Erlöser, der im Preis und Gelde lebt,
Endlich hast du dich offenbart und gezeigt,
So dass der Ärmste noch nach Dir strebt,
Der vor dir in Ehrfurcht sein Haupt verneigt.

Herr, nimm uns und das Geld in deine Hände auf
Damit unser Leid schlussendlich ein Ende hat,
Herr Heiland, wir bezeugen dir in stetem Kauf:
Begierde ist unser Gebet und wir nimmersatt"

Der Stadtpalastdschungel heißt willkommen,
Wo es für einen jeden einen passenden Tempel gibt,
Geschäfte und Banken für die ehrlich Frommen,
Wie einen Mensch, der den nächsten Käufer liebt.

Eins

Schopenhauers: „Alles Leben ist Leiden",
Und Leibniz: dies „die Beste aller Welten",
Doch Leben bewegt sich zwischen beiden,
Unter Mensch, Land und Himmelszelten.

Dort fehlt es und umgibt uns Leid,
Wir sind mangelnd, leer und allein,
Obgleich wo anders dann, zu andren Zeit,
Könnte es besser gar nicht sein´.

Drum wie man das Leben auch bemisst,
Es pendelt zwischen zwei Polen hin und her,
So dass es mal leicht und zum Tanzen ist,
Ein anderes Mal ist es hundert Zentner schwer.

Schrei

Sein tiefer Sehnsuchtsruf nach Sinn und ewiger Genesung
Verhallt in des Werdens bodenlos dunklen Gründen,
Aus dem die stechenden Gerüche der steten Verwesung
Die erkannte Unerkennbarkeit des Seins verkünden.

Trotzend im Zuge wissensgierig, seinsbesessener Waffenheere,
Deren Machtwillen in stürmenden Wogen brausend schäumen,
Um sich in der rauschhaften Lebendigkeit der Elementenmeere
Gegen die Feuerwalze der Vergänglichkeit auf zu bäumen,

Zieht er im Namen der Vernunft in die heiße Schlacht,
Die goldene Burg zu stürmen in der die Königin Wahrheit wacht.
Doch ist all seine geschenkte Geisteskraft nicht dazu erkoren,
Zu schmerzerfüllten Niedergang am Gipfelkreuze ist er geboren.

Orgiastischen Festen gilt sein ganzes heilloses Streben,
Sich zu ergötzen an sich selbst, stetem Glück und gutem Wein.
Doch sieht man ihn selbst in Palästen in Leere und Mangel leben,
Getäuscht von des Paradieses Glücke versproch`nem Schein.

Selbst wenn ihn großer Sternenglanz ungefragt entzückt,
Durch das Lodern der Liebe im Schoß des purpurne Morgenrot,
So kommt Einer, der ihm gemächlich leise zu Leibe rückt,
Es ist die ihn begleitende Zeit, im Tränenkleid vom Tod.

In der zarten Stille der lau, taubedeckten Sommernacht,
Während fern der Kreis der enthaltsamen Götter höhnend lacht,
Vernehmen feine Ohren das Flüstern seines stummen Schreis,
Als der Mensch geworfen erwacht, im Rad des großen Einerleis.

Doch die bejahte Liebe geboren unterm klaren Sternenzelt,
Ihn in dieser verspielten, dem Totentanz geweihten Welt erhält,
Durch sie bekräftigt schenkt er dem Leben sinnerfüllte Küsse,
Trinkt darbend aus reichen Quellen und Strömen der Lebensflüsse,
In die er sein eigenes Blut über Generationen gießt und goss,
Er - der arme, großgebrechliche und gottverlassene Anthropos.

Ikonen

(Bombay, Indien)

Sie schlendern schillernd in Scharen,
In edlen Gewändern aus Gold und Seide,
Mit Schokoteint und pechschwarzen Haaren,
Durch die Straßen von Elend und Leide.

Doch kaum Anerkennung wird ihnen gewahr,
Weil die Frau eine niedere Rolle spielt,
Selbst dann wenn sie geben, immerdar,
Weil ihre Sorge aufs Glück der Familie zielt.

Wird man im Orient als Frau geboren,
So lebt es sich wenig würdig und beglückt,
Da die Seelen der Männer zu Eis erfroren,
Welche die Anmut der Weiblichkeit erdrückt.

Dennoch: Die Frauen machen ihre Sache gut,
Voll Schönheit stehen sie im Schmerze da,
Und verlieren nicht Fürsorge und Lebensmut,
Weil Weiblichkeit Liebe ist, bleibt und war.

Die Frauen Indiens, Göttinnen des Leidens gleich,
Welche Städte von Müll und Lärm bewohnen,
Doch in diesem verschmutzten Königreich,
Ähneln sie der Gestalt von ewigen Ikonen.

Ausblick

Der Blick aus dem Fenster,
Auf Fassaden, die fallen,
Aus dem Fenster der Reise,
In dem Zimmer,
In dem ich lebte
Die Tage liebte,
Wieder mal wach war
Und Anteil hatte
Am Tanz der Dinge.

Der Blick aus dem Fenster,
Auf Fassade, die fallen,
Der Blick aus dem Fenster
Der Reise, die wie ein Fest war
Verheißt das Ende für heute,
Aber die Erfahrungen,
Der Entfaltung ins Freie
Im Gepäck des Erinnerns
Nimmt mir dieser Abschied
Noch nicht.

Prinzessinnen
(Bombay-Frankfurt)

Rom, New York und Frankfurt am Main,
Dann Paris, Bombay und morgen Madrid,
Ach was ist die Welt so dorfeng und klein:
Was kriegen die Stewardessen nicht alles mit?

Aber um so viel von der Welt zu sehen,
Nimmt man schon mal einiges in Kauf,
Einen schmalen Gang auf und ab zu gehen,
Mit einem nie müden Sahnelächeln oben auf.

Selbst wenn man mal nichts zu lachen hat,
Weil auch im Privaten die Stücke nicht passen,
So thront doch ein Lächeln so breit und satt,
Als könnte der Mund einen Bumerang fassen.

Servieren, ewiglächelnd nett und höflich sein,
Zu jedem pöbelnden Gast, - ist dies ein Traum?
Prinzessinnen der Lüfte, mal Wasser zum Wein:
Stewardess: ein exklusiver Kellnerjob auf engstem Raum.

V. Fortsetzungen der Suche

Sonne

Von einer Odyssee in Schwärze und Glück,
In der ich mich mehr zu mir selbst lenkte,
Kehrte ich bejaht in die Heimat zurück,
Von einer Reise, die mir Stärke schenkte.

Freude, innerer Reichtum, Glück allein,
Wille und eine unabhängige Vernunft,
Wird der Schutz auf meinem Wege sein,
Und es war der Tau zur Wiederkunft.

Zuhause, in Deutschland, packte mich das Grauen,
In den verhärmten Gesichtern lagen Leid und Not,
Da waren keine Wärme und kein Vertrauen,
Ich sah nur Verdruss, Angst und Seelentod.

Sie streben nach Ansehen, Sicherheit und Besitz,
Die Dreifaltigkeit auf die der Zeitgeist trimmt,
Doch wer versteht dahinter die Ironie und den Witz,
Dass der verabreichte Drang ihnen das Leben nimmt.

In uns liegt Nacht, Licht und alles zum Glück,
Ein freier Mensch wird, wer dies versteht,
Drum kehrt dort hin nach Hause zurück,
Wo der Anker der Welt ist, der nie vergeht.

Niemand kann uns nehmen und stehlen,
Was geistig tief im Innersten lebt und blüht,
Ich sehe Augen, Fenster zu toten Seelen,
Meine lebt, wo die Sonne sitzt und glüht.

Genügsamkeit

Ich lass` sie ruhig schelten und lästern,
Jenen, denen alles Leben lästig, öde und trist,
Ungeahnt, noch heute, morgen und gestern,
Werden sie wissen, wie sich mein Glück bemisst.

Ich gehe unter den Menschen genügsam dahin,
Der Erkenntnis nach, als mein eigner Gott,
Ich trage nicht Scham und Stolz für was ich bin,
Enthoben will ich sein, Lob und Spott.

Auch aller großen Welt Schmerz und Klage,
Das meinige und der Menschen Angst und Weh
Ich will sehen ob, ich es gelösten Gemüts ertrage,
Schauen, ob ich mich auf Nonchalance versteh`.

Man mag das Meinige kritisieren oder neiden,
Wen bekümmert´s? Ich scher mich nicht mehr `drum.
Eigensinn und Gelassenheit will mich kleiden,
Denn: eine neue Genügsamkeit geht um.

Entzweifelung

Wer am schweren Geiste leidet,
Der ernst und verzweifelt macht,
In Schwärze den Himmel kleidet,
Wo am Tage selbst noch Nacht.

Der sollte sich in Erinnerung bewahren,
Wie stürmisch und ruhend mal der Wind,
Und im Gang der Wolken selbst erfahren,
Wie unstet und flüchtig alle Gedanken sind.

Wer sich dennoch an Illusionen hält,
Den lassen Gedanken nicht mehr frei,
Denn immer, schweres Gewicht es fällt,
Am Glück und Farben des Moments vorbei.

Wiedersehen

Eine Umarmung

Die wie
Musik war und
Wohl tat,

Blicke,
Die vertraut klangen

Und
Der Sehnsucht
Von Gestern
In neuen Worten
Ein Gesicht gab.

Postulat

Etwas sehr Teures ging verloren,
Auf der letzten, langen Reise,
Aber nur jene mit feinen Ohren,
Hören das Flüstern des Verlorenen leise.

Im Stillen erstarb die Jugendzeit,
Der Ernst hat ihr Platz gemacht,
Erstorben ist die frische Heiterkeit:
Die Zukunft hat sie umgebracht.

Die Entscheidung packt mich am Kragen!
Viel seltener ist mir zu lachen,
Das Leben liegt mir schwer im Magen,
Denn nun gilt´s: Zukunft machen!

Wo sind die einst freien Stunden,
Denen nur der Augenblick gebührt?
Bilder davon schlagen mir Wunden,
Deren Schönheit Schmerzen schürt.

Erwachsensein wird zum Diktat,
Welches Leichtigkeit und Ideale frisst
Doch ewig gilt mir der Jugend Postulat:
Sei echt und lebe aus, was in dir ist!

Überwindung

Ich überwand meine Enge,
Ich überwand auch mich,
Und ich sehe in der Menge,
Alle, - aber vor allen dich!

Du tanzt wie Feuer durch die Nacht,
Leicht wie du dein Lächeln hältst,
Ich bin schwer, aus dem Traum erwacht,
Zu teuer du, als dass du mit mir fällst.

Ich will meinen besten Teil dir geben,
Immer und eine ewige Stunde lang,
Und das Meine zu deinem Glück erheben,
Was ich dem Dunkel an Licht abrang.

Ich will mit dir leben und fliegen,
Ganz gleich wohin es uns führt,
Bei Nacht an deiner Seite liegen,
Und dich lieben - wie es dir gebührt.

Flug

Die Töne der Musik klangen aus,
Vorm Fenster flog eine Krähe dahin,
Und der erneuten Leere im Haus,
War sie Bote, dass ich wieder alleine bin.

Ich fliege wie diese Krähe durch die Tage,
Dunkler Erscheinung im Morgenlicht,
Wo ich meines Blickes Schwarz ertrage,
Ohne dass mir Hoffnung Glück verspricht.

Ich fliege wie diese einsame Krähe,
Über leere Städte, schwarz und schwer,
Während ich in ruinierte Weiten spähe,
Ohne einen Ort, der mir eine Zuflucht wär.

Weg

(Deupor, Rüber)

Ich ging eine einsame Stunde lang,
Durch still und lebendiges Grün,
An Wald, Fluss und Feld entlang,
Wo Wiesen und noch Blumen blühn.

Es sehnte mich nach Stille und Ruh´,
Zwischen Bäumen, Gras und Tieren,
Der immer ungewissen Zukunft zu
Mich ein wenig abseits zu reflektieren.

Ich gedachte, wo ich einfach nur da war,
Gedachte der Wüste, den Gipfeln und Meer,
Sah Vergangenes wie den Himmel klar,
Doch warum ist das Kommende so schwer?

Mit einem Lachen blickte ich zurück,
Auf einen Weg von Freude und Schmerz.
Es war lange Schwermut, eine Stunde Glück,
Auf diesem, meinem Weg mit Mut und Herz.

Gerne würde ich weiter wachsen und werden
Frei nach der Natur, ihrem ewigem Gebot,
Empor streben wie ein Baum auf Erden,
Und würdig welken in Richtung Tod.

Ich fühle mich nicht geschaffen für die Welt,
In der ich bitteren Blutes zu überleben ringe,
Und dem König der Neuzeit, Besitz und Geld,
Erfolg und flüchtige Ehre als Opfer darbringe.

Es treibt mich meine Sehnsucht fort,
Etwas drängt mich, dass ich anders lebe,
Wo ich mich, wie in diesem letzten Wort,
Ganz der Stimme meines Selbst ergebe.

Ich letztlich weiß nicht, wohin es mich führt,
Aber ich bin geneigt dem Innersten nachzugehen,
Ob der Idee des Wegs Wirklichkeit gebührt,
Oder ist ein frühes Ende für mich vorgesehen?

Dennoch ich gehe weiter, in die Nacht, den Tag,
Und trinke mir herzenstreu die Stunden aus,
Denn für mich, der nicht anzukommen vermag,
Führt am Ende doch jeder Weg nach Haus.

Steg
(Koblenz, Deutschland)

Betrunken schwankt der Steg,
Am Nachtrheinufer hin und her,
Ganz so wie ich auf meinem Weg,
Schwankt es heiter und auch schwer.

Festgestellt verweilt es an einem Ort,
An dem der reiche Strom vorüber zieht,
Ganz so, wie meine Wenigkeit im Wort,
Vor dem breiten Fluss des Lebens kniet.

Schweigen

Du gingst fort
Eine Stunde
Bevor dich zu lieben sehnte.

Worte wie Regen
Ertränkten meine Hoffnung
Gruben der blauen Begierde
Von Sommern ein Grab.

Anker waren mir deine Augen
Sonnen von Morgenden
In denen ich wieder Vergessen und
Zurück zum verspielten Frohsinn
Des Liebenden fand.

Nun doch
Entlasse ich dich
Aus mir.

Denn: Ich muss,

Ich muss,
Bis erstorben
In der Hülle des Schweigens
Der Schmerz
Kein Aufsehen erregt,
Aufsehen in einer Träne
Im Gedanken
An dich.

Aura

Als ich in ihre glänzende Augen schaute,
Als sie lächelnd an mir vorüber ging,
War es, als ob der Morgen graute,
Und die Nacht ein neues Feuer fing.

Verbundenheit war es was ich empfand,
Als ich durch die Fenster ihrer Seele blickte,
Die Botschaften schienen verwandt,
Die sie aus Seelentiefen zu mir schickte.

Ich weiß nicht um ihr geheimes Wesen,
Wie ist`s ausgelebt um ihr Innerstes bestellt?
Doch ich habe in der Aura ihrer Augen gelesen,
Und es macht froh, da mich Sehnsucht hält.

Regen

Einst lag das Kommende reizvoll offen
Mit Sehnsucht, die wolkengleich schwebte,
Liebe ließ auf einen neuen Morgen hoffen,
In dem ein lächelnder Tag in dir lebte.

Doch ich blicke nun aus diesem Haus,
Während draußen grau der Regen fällt,
Dein Schweigen regiert, ein Wort blieb aus,
Ob deine Hand auch die meine hält.

Ein trister Tag, kein Sonnenschein;
Was du wohl denkst, wo du wohl bist?
Gleich kommt der Regen zum Fenster rein,
Und ich fühle wie hart und kalt die Stille ist.

Welttraum

Der begehrte Traum der Einen Welt
Wie schnell kann er eine Hölle sein,
Denn wenn nur eine Säule fällt,
Zieht´s den Rest der Freunde mit hinein.

Wo sich die gesamte, globale Welt,
An die Seite des großen Geldes schmiegt,
Wie schlecht ist´s da um alle bestellt,
Wenn ein Imperium in Trümmern liegt.

So handelt vernünftig und gut bedacht,
Dass nicht Wirtschaft zum Stricke wird,
Und die "freie" Welt abhängig gemacht,
Durch Andere in dunkle Zukunft irrt.

Bürde

Die Stille schreit durch die Tage,
Leer liegen die Gedanken bei Nacht,
Dass die Einsamkeit, die ich ertrage
Es mir schwerer zu atmen macht.

Ich habe das Gefühl, dass ich falle,
Über Stufen hinab, fein und scharf,
Und dass meine Wenigkeit - wie alle -
Auch etwas Liebe als Schutz bedarf.

Schönheit

Sie steht hinter der Theke,
Am Trog der Trunkenen
Für viele
Und so einen wie mich.

Lächelnd serviert sie in der Betriebsamkeit
Und reicht schon reif
Und gelassen
Den Burschen den Becher.

Und wenn sie an der Spüle steht
Mit schmutzigen Wassern spielt
Scheint sie verträumt,
Und in sich gekehrt,
Doch nicht ein dreckiges Glas
Bricht mit ihrer Anmut,
Kein Schmutz
Tut ihrer Schönheit weh.

Liebe

Viele sah ich durch die Passagen laufen,
Sie hatten sich dem Konsum verschrieben,
Ich sah sie hetzen und kleine Sachen kaufen
Doch wie viele sah ich, - die sich lieben?

Wir können durch die kalten Straßen rennen,
Kaufen und von seichtem Glücke schwätzen,
Doch für jene, die noch Gefühle kennen:
Kann ein gekauftes Ding Liebe ersetzen?

Triumph

Alles muss und wird auch vergehen,
Wir sind Wesen aus dem Lemm der Zeit,
Da helfen kein Beten und kein Flehen,
Nach hunderter Himmel Seligkeit.

Für Momente ist die Ewigkeit vorgesehen,
Sie ist ein goldener Lidschlag der Daseinsfrist,
Gegenwärtig, wenn alle Uhren stille stehen,
Und sich im Triumph der Lust die Zeit vergisst.

Platz

Wüsste ich, wer uns schuf,
Und ungefragt ins Werden warf,
Hätte ich einen echten Beruf,
Und für meinen Geist Bedarf,

Dann würde es mir leichter fallen,
Froh in den stolzen Tag zu treten,
Und ich würde unter jeden und allen
Des Morgens für die Menschen beten.

Doch die reine Leere schreibt diesen Satz:
Ich bin in der Welt ohne Anker und Platz!
Der mir nächste Mensch spricht "Überleg!"
-Wohin nur führt mich mein Weg?

Gebt
(Zur Geburt. Für C.T.)

Helle Hoffnung liegt in jedem Kind,
Wenn es unschuldig die Welt erblickt,
Wie nach kalten Wintern, lauer Wind,
Die Freude des ersten Frühlings schickt.

Rein und weit sind die Kinderseelen,
Ihre Augen neugierig und unbefleckt,
Noch Zukunftsland ihre zarten Kehlen,
In dem das Wort einer besseren Erde steckt.

Ihre Herzen sind den Wolken gleich,
Glück und Gefahr ist´s darauf zu bauen,
Drum schenkt den Augen, die so weich,
Alle Wärme und in die Welt Vertrauen.

Lasst die Kinder wie Rosen gedeihen,
Legt ein Lächeln in ihre Herzen hinein,
So wird sich Zuversicht der Erde weihen,
Und glücklich wird's nie ganz einsam sein.

Es wird Sorgen und Nöte machen,
Doch jedes neue Leben ist dies wert,
Und wenn gute Augen über es wachen,
Wird mit dem Gegebenen diese Welt geehrt.

Straft die Seelen der Kinder nicht,
Säht Wachstum mit Verständnis und Lob,
Nur so tritt ein Mensch ins Tageslicht,
Denn das Gute hoch zum Guten hob.

Ein Kind, Schönheit und schweres Los,
In dem Verantwortung für alle ruht,
Pflegt es, wie einst im geborgenen Schoß,
Dass es später alles aus Ehrfurcht tut.

Gebt dem Kind alles wozu ihr fähig seid,
Gebt, ohne was nichts bleibt noch bliebe,
Sät eine kleine Sonne Leben in die Zeit,
Gebt Verständnis und Geist, - gebt Liebe!

Du

Wie ein junges Mädchen beizeiten
Mit unschuldigem Lachen, weicher Seele,
So vereinst du in dir vielen Seiten,
Mitgefühle und Worte einer Frauenkehle.

In dir wohnt ein kleines Kind, das lacht,
Eine Frau, die echt und sich zu verstellen weiß,
Mann merkt, dass wer hinter diesen Augen wacht,
Denn nicht jedem gibst du deine Tiefe preis.

Deine Gestalt, klassisch, eine Statue in Stein,
Eine Seele, sensibel, mit Verstand geehrt
Du könntest nicht schöner sein,
Und bist mehr als meine Liebe wert!

Antwort

Als ich an deiner Seite lag,
Über Nacht und einen Tag,
Streifte mich ein Gedanke:
"Gibt es einen Platz der`s vermag,
Dem ich mehr des Glücks verdanke? "

Die Antwort fiel mir gefühlt nicht schwer,
Denn die Antwort lautet glücklich: "Nein!",
Nirgendwo anders wollte ich augenblicklich sein,
Außer vielleicht im zweiten Sonnenschein,
Doch dann, nur mit dir am Meer!

Selbstsein

Ich hörte dich eine Frage stellen,
Wer von allen in dir mir die Liebste ist?
Ich will ehrlich sein und Dir erhellen:
Alle, ob Kind, Mädchen, Frau oder Jurist,
Aber sei dabei du selbst, sei wer du bist.

In uns allen wohnt eine Pflicht,
Die Wahrheit in stillsten Hallen,
"Täusche dich und andere nicht!"
So wirst du aufrichtig und frei vor allen
Mit dir eins sein und mir weiter gefallen.

Tristesslicht

Ich schreibe dir diese bedachten Zeilen,
Aus Liebe und drei langen Weilen,
Denn: als ich unter Menschen hockte,
Fand ich mich in ihrer Mitte nahezu allein
Nichts war was mir ein Lächeln entlockte,
Und so schenkte ich mir flüssige Schönheit ein.

Die Leute schauten amüsiert umher,
Ob ein Gesicht nicht ins Auge fällt,
Ob im nächtlichen Menschenmeer,
Ein Blick den Blick im Banne hält.

Ich sah zahllose Menschen heiter tanzen,
Im Nachtlicht mit luftleichter Leidenschaft,
Fühlte aber, zwischen mir und dem Ganzen,
Einen Riss, der wie eine große Wunde klafft.

Meine Suche scheint zwar soweit beendet,
Aber ich schätze: zu lange war ich allein,
Ich habe Vergesse gegen Präsenz verpfändet,
Um in der Masse aufzugehen und froh zu sein.

Doch zwischen allem gab´s ein Licht,
Nur mir allein war es wahrnehmbar,
Der beruhigende Glanz von einem Gesicht,
Welches ich in meinem Innern sah,
Im Gedanken allein schenkte es mir Ruh`
Und dieses Licht zwischen allem - warst Du!

Abschied

Ich sah dich entschlossen
In einen beklommenen Blick gekleidet.

Keine Worte mehr
Abseits der Menschen,
Die in deiner Nähe
Nähe verhießen.

Es war Liebe.
Meinerseits zumindest.

Es war
Die Wahrheit
Eines Augenblicks.

Doch ich lass dich gehen,
Licht in den Schatten
Einer milden Erinnerung,
Die wie ein schwarzer Juwel
Auf den Grund der See
Meiner empfänglichen Seite fällt.

Was schön war,
Endet in Trümmern
Aus denen ich aufstehe,
Aus dem Abgrund empor
Über dich und mich
Als Stufen hinweg.

Denn:
Nichts ist vergebens,
Wer sich hingab.

Ich würde es wieder tun,
Schläge der Zeiger in der Zeit zurück,
Allein für die Anmut einiger Momente

Selbst im Wissen
Vom Abschied im Schmerz.

König
(Brixental, Österreich)

Der Mond blickte kalt, blitzeblank und voll,
Nebelfrei thronten die Berggipfel gelichtet,
Als, mir war es als wär ich trunken und toll,
Ich unweit einen *schönen* Friedhof gesichtet.

Vergnügt drehte ich den Regenschirm,
Und flanierte zwischen den Toten entlang,
Mir war´s wohl bei Blumen, Grab und Gewürm,
Während ich des frohen Königs Liedlein sang.

Bisher war`s erkenntnisreich und liederlich,
Und wie das Kreuz der Gräber ein kleines Joch,
Aber ich ging fast tanzend und freute mich:
Denn dem Tod zu Füssen lebte und leb` ich noch!

VI. Passagen der Stille
Pflicht

Einer sprach: "Es werde Licht"
Ein anderer: "Es werde Ich"
Jedes davon ist eine Pflicht,
Welche uns allen tief innerlich.

Ebenso ist´s bei mir gewesen
All die tristen Zweifels-Winterjahre
Doch ich lernte meine Seele lesen,
In dem was ich erfuhr und erfahre.

Lange stand dort Weltschmerz,
Vergangenheitsfärbte Traurigkeit,
Doch wie nun im jungen März
Fühle ich mich von Wintern befreit.

Ich fühle mich nach hundert Tränen
Zu jeder stillen Begegnung mit mir bereit,
Und so will ich es verjüngt erwähnen:
Überwundener Seelenschmerz befreit.

Unterwegs
(Im Zug nach Paris)

Geliebte Musik im Sinn, Wind im Rücken,
Einen Rucksack mit dem, was man braucht,
Mehr bedarf es nicht zum tiefen Beglücken
Bis Frühling sich in den Tag des Denkens haucht.

Unbekanntem und Neuem geht´s entgegen,
Was den Lebenshunger der Leere füllt,
Die alle Farben auf unbetretenen Wegen
Ins Kleid der Erfahrung und Worte hüllt.

Reisen schenkt Fülle und Bereicherung,
Man bleibt beweglich, freudig und rein,
Es schenkt Licht, verbindet und hält jung:
Unendlich schön ist es unterwegs zu sein!

Namenlose
(Valencia, Spanien)

Wieder stand sie wie Licht in der Tür,
Ich sah sie wie beim ersten Blick dort stehen.
Wir sind uns in der Höhe begegnet - wofür?
- Heute doch musst ich leider gehen.

Ich fühlte in ihren Augen, dass wir uns glichen,
Durch die Natürlichkeit waren wir uns nah,
Da ich zudem in der kurzen Zeit dazwischen,
Fragmente der Schönheit ihrer Seele sah,

Ich hatte das Gefühl, dass wir uns kennen,
Aus Träumen, alten Leben, wer weiß woher?
Ich kann es nicht beim Namen nennen,
Doch fiel mir sonst der Abschied so schwer?

Heute doch musste ich weiter gehen,
Gerne wäre ich in deiner Nähe geblieben,
Aber werden wir uns wiedersehen?
Wissend - Dich könnte ich lieben!

Gesang

(Malaga, Spanien)

Wir fuhren gemeinsam im Wagen
Einen holprigen Bergpfad empor,
Als ihre Seele drängend getragen
Sich in spanischen Gesängen verlor.

Ich verstand kein einziges Wort,
Aber die Stimmung war mir bekannt
Es zog sie und ihr Innerstes fort,
Zu jemandem, den sie an sich band.

Es klang nach Mangel und Morgentau
Einem Wiedersehen, irgendwann,
Und ich empfand wie eine Frau
Am Sog der Sehnsucht leiden kann.

Schweigen

Schweigen,
Da es nichts dazu zu sagen gibt,
Schweigen,
Da man nichts zu nehmen liebt,
Schweigen,
Da man nichts dazu zu sagen hat,
Schweigen,
Denn man hat das Reden satt,
Schweigen,
Da man nichts geben will,
Schweigen,
Denn man liebt es still,
Schweigen,
Da man sich wortlos versteht,
Schweigen,
Da man mutig das kleine Gespräch übergeht,
Schweigen,
Da man um die Folgen bangt,
Schweigen,
Da es einen zu fühlen verlangt,
Schweigen,
Weil man will die Folgen verhindern,
Schweigen,
Denn man wünsche den Schaden zu mindern,
Schweigen,
Denn man lässt das Denken geschehen,
Schweigen,
Um unabgelenkt in sich zu gehen,
Schweigen,
Hat viele Gründe und hundert Gesichter,
Schweigen,
Ein Stück empfänglicher Euphorie der Dichter.

Rauchschwaden

Tief in mich atmete ich Leben ein,
Tief in mich atmete ich Leben aus
Und in der klirrenden Kälte im Frei'n,
Stieß ich silberne Schwaden hinaus.

Die Schwaden kamen und vergingen
Sie waren gestaltvoll und leer,
Die sich in keiner Form verfingen,
Ganz wie die Wellen im Meer.

Sie wurden geboren und verstrichen,
Schwaden von wolkig weißem Rauch,
Wie sie Liebe und Schmerz da glichen,
Denn wie sie, vergehen die selbigen auch.

Die Schwaden, ein Ereignis voll Glanz,
Kamen und erstarben im endlosen Raum,
Wandelten ihre Form ohne Substanz,
Und schmeckten wie ein wissender Traum.

Anteile

Schummrig flackerte das Kerzenlicht,
Während ich ins spiegelnde Fenster schaute,
Ich sah darin mich, ein bekanntes Gesicht,
Und andere, dass mir´s kurz vor mir graute.

Ich schaute es grollend und nett,
Ich sah es wild, düster und hell,
Ich sah darin ein lächelndes Skelett,
Und ein Aztekenantlitz mit Bärenfell.

Ich sah es jung und ich sah es alt,
Sah es als Greis, als Kind und Frau,
Und so glaubte ich ungläubig schon bald,
Ich sei von Gestern noch stramm und blau.

Ich schaute darin mein eigenes Gesicht
Könnte das Antlitz von Menschen lesen,
Vielleicht sah im Spiegel und Kerzenlicht
Was ich werde, bin und war gewesen?

Ich sah sich die spiegelnden Bilder wandeln,
Und mein Ich in verschiedenen Gestalten.
Worum mochte es sich wohl handeln,
Sah ich sich mein höheres Selbst entfalten?

Es war mir ein wissender Augenblick:
Mein Ich gespiegelt in vielen Lichtern,
Mein Ich als komplexes Seelenmosaik
Mit seinen Anteilen und vielen Gesichtern.

Gebrochen

Ich glaube, ich weiß wie´s um dich bestellt,
Wo sich zur Vergangenheit Schmerz gesellt,
Wo die Zukunft tausend Zentner schwer
Und der Augenblick tot, schwarz und leer.

Du glaubst mit ihr hast du alles verloren,
Hältst in Herz und Hand ein volles Nichts,
Und die bösen Geister, die du auf beschworen,
Brüllen im Stillen in dir: „Wann erlischt`s?"

Doch ich weiß wie du die Deine vermisst,
So vermisse ich es dich tanzen zu sehen,
Drum bleibe weiterhin wahr und wie du bist,
Leben heißt: lieben, loslassen - und weitergehen.

Du hast das deine vermeintlich hinfort gegeben,
Und trauerst nun um dieses verlorene Stück
Doch wie ein Saatkorn trägt es neues Leben,
Schenkt Wachstum, Schutz und Erfahrungsglück

„Aber was wurde mir gegeben und geschenkt?"
Magst du dich einsam und zweifelnd fragen,
„Nichts als Schwarz und Schmerz, der denkt,
Und im Stillen, Zorn und Unbehagen?"

Wohl wahr, doch selbst Schmerz hat wert,
Und ist wie fast alles berechtigt dazu sein,
Und wessen Leben sich wie ein Vakuum entleert,
Der lasse neue Luft zur Erfüllung in es hinein.

Und wozu alle Schläge und aller Schmerz,
Nur eine Mimose wird daran zu Grunde geh`n.
Doch einer wie du, ein Kämpferherz -
Sieht´s nicht die Möglichkeit aufzustehen?

Du glaubst das Beste sei sich zu verschließen,
So dass nicht wieder Schmerz in dich fährt,
Doch aller Tränen, die aus Liebe fließen,
Sind Perlen mit denen ein großes Herz geehrt.

Du glaubst alle vergangene Zeit und der Sinn,
Dieses dünne Seil, an dem dein Herz gehangen,
Sei durch die Tat entzweiender Worte dahin,
Die wie tausend Messer in dich drangen?

Doch ich hoffe, dass sich nicht nur Schmerz vererbt,
In dem auch die schöne Zeit trüb verschwimmt,
Und die zweisamen Augenblicke dunkel färbt,
Der sich Vergangenheit und Zukunft nimmt.

Wir Liebenden glauben gern, dass uns wer gehört,
Doch diese Sicht ist Nichts als Täuschung und Trug,
Wie schnell und jäh ist das größte Glück zerstört,
Wo dann die Hölle lebt, nach einem Höhenflug.

Man kann nicht immer glücklich sein und fliegen,
Dies unumgänglich wie der Tod klar und gewiss,
Aber um über das Gesetz der Vergänglichkeit zu siegen,
Halte dich an Körper und Geist im tiefsten Lebensriss.

Ich weiß: irgendwann wirst du wieder tanzen,
Dem reichen Moment allein deine Liebe schicken,
Und mit dem Auge der Erkenntnis im Ganzen,
Anders auf die Zeit der tiefsten Schwere blicken.

Drum verletzter Freund, mehr vermag ich nicht zu sagen,
Wünschte diese Worte könnte wie Musik, Seelen tragen,
Welche aus den Gefilden guten Geistes auf beschworen:
Wir leben, sterben, und werden sterbend neu geboren.

Bedürfnis

Ich bedarf der Stunden,
In denen nur die Stille wehrt,
Wo ich dem Zugriff entschwunden
Ganz in mich und zu mir gekehrt.

Ich bedarf der Stunden,
In denen ich mich zu mir selber führe,
Und die schönen und auch wunden
Punkte in mir selbst berühre.

Ich bedarf der Stunden,
In denen ich von den Menschen lasse,
Und nur an Stille und Musik gebunden,
Die Welt und mein Fühlen in Worte fasse.

Ich bedarf der Stunden,
Die einsamen, in Leichte und Schwere,
In denen ich nach allem Welterkunden
Wieder in mich nach Hause einkehre.

Reifejahre

Die Jugend drängt und spricht:
„Brenne, brenne, nimm alles mit
Bis auf deinem Nachtfeuerritt
Die tanzende Flamme erlischt"

Auch die Jahre dann danach
Glimmen weiter in heller Glut,
Aber es spricht „Gemach, Gemach",
Wie es nur das gesättigte Feuer tut.

Lärm

Wir liebten uns am Morgen,
Drei zeitlos schöne Stunden lang,
In den, in deinen Arm geborgen,
Liebe den Lärm der Welt verschlang.

Schauspiel

Ich lebe durch die Stunden und Tage,
Wie fast jeder normal fürs Geld,
Während ich beizeiten Masken trage,
Masken im Schauspiel der Welt.

Was mancher Sinn und Leben nennt,
Diese Erzählung ist mir sehr wohl bekannt,
Doch wer anderes und sich besser kennt,
Von dem wird's auch gern Farce genannt.

Was viele in Wahrheit eigentlich tun,
Sie verkaufen sich als Ware für Geld
Dass der Tage nur wenige in sich ruh`n,
Da in ihnen Idee und Leben zusammenfällt.

Ich würde gern sehen, wenn Zeit gegeben,
Genügend Zeit, um zu tun was wir wollen,
Wir werden erzogen, um nicht anders zu leben,
Erzogen zu Sklaven, um zu tun, was wir sollen.

Zivilisation kennt ihren geheiligten Zweck,
Sie will Menschen stereotypisch formen,
Und so lockt und drängt sie vom Inneren weg
Um das Individuelle nach Mustern zu normen.

Aber echtes Glück erwächst erst für alle,
Wenn jeder das seinige ins Leben gießt und gibt,
Denn es gebiert keine Freude, in seltenstem Falle,
Wenn wer in seinem Tun sich nicht selber liebt.

Und drum: die edelste und beste Gesellschaft
Wäre eine, in der man Arbeit mit Glücke polt,
Und ein jeder gemäß Können und Kraft,
Das Beste in seinem Bereich aus sich holt`.

Doch wir prostituieren uns für das leidige Geld,
Spielen selbstentfremdet Rollen immerdar,
Drum bin ich täglich froh, wenn der Vorhang fällt,
Dass ich träumen kann von Integrität und Utopia.

Eigenheit

Ganz gleich was ich mache,
Wo ich mit Fuß und Sinnen bin,
Nichts macht, dass ich nicht lache,
Lache über meinen Eigensinn.

Alle Wege sind mir Stufen
Zur Erkenntnis, Kunst und Licht,
Ich folge meinem inneren Rufen,
Einen anderen Sinn kenne ich nicht.

Ach, das reich und teure Leben,
Erkenntnisquell und Dichtergrund,
Ihm frei zu Füßen knie ich ergeben,
Dem geliebten Leben, Stund um Stund!

Stolz

Dieser junge Kerl in Soldatentracht,
Wusste nicht was und wer er war.
Einst ein Sauf- und Raufbold bei Nacht,
Steht er nun im Uniförmchen da.

Durch die Tage zog er eine triste Miene,
Da empfahl man ihm, dass er diene,
Marschiere fürs Vaterland und Heer:
Im Uniförmchen nun, da ist er wer!

Hypnose

Man hypnotisiere von Zehnen neun,
Nur der eine weiß die Wahrheit zu sagen,
Die andern aber werden sich freuen:
Von den Vielen wird „das Wahre" getragen.

Den einen degradiert man zum Narren,
Er spricht allein und ganz ohne Wirren,
Doch die große Zahl zieht den Karren:
Denn die Mehrheit kann ja nicht irren!?

Nenner

Unser Intellekt spricht zu verschieden,
Drum werden wir nicht zueinander passen,
Doch vermutlich dort droben wie hienieden,
Schmerzt es Schönheit gehen zu lassen.

Aber ich will zu mir selber ehrlich sein:
Zur Liebe braucht es Geist der bindet,
Äußere Schönheit ist nur welkender Schein,
In dem sich kein fester Nenner findet.

Verkopft

Etwas mehr Kind wäre ich gerne,
Etwas mehr Naivität im Liebesspiel,
Etwas weniger menschliche Ferne,
Denn manch einer bin ich wohl zu viel.

Meine oft fragende Vernunft,
Die kalte Wahrheit, die ich begehre,
Verweigert die Zusammenkunft,
Denn: meine Nähe birgt Schwere.

Dankbarkeit

Ich trat im Dunkel in der Früh vors Haus,
Ich trat zur Arbeit vor die Tür hinaus,
Da begrüßte mich Mond und Pegasus.

Der Mond leuchtet in strahlender Helle
Die Schar der Sterne erschlug den Verdruss,
Und ich stand verwundert auf der Stelle,
Und verpasste pflichtvergessen meinen Bus.

Ich stand dort, tanzte fast und dachte „Krass"
Von welchem Wohlgefallen ist mir das?
Ich blickte hinauf, mit Augen, weich und scharf,
Und dankte, dass ich der Welt Anmut fassen darf.

Chemie

Wenig frische Luft und Tageslicht,
Wenig Schlaf und viel alter Wein,
Dies in zu hohem Maß gemischt,
Sind keine Gründe zum glücklich sein.

Die Musik klingt schwarz und schwer,
Aber ich könnte keine andere ertragen,
Denn mein Kopf liegt schwarz und leer
Nach drei tief und blauen Tagen.

Ich denk´ an niemanden in Hass oder Liebe,
Der Augenblick und die Sehnsucht sind verneint.
Es gibt niemand, dem ich eine Zeile schriebe,
Da mir jedes Glück als Akt der Leere erscheint.

Zwiegespräch II

Vernunft:
Du schlägst meinen Weg nun ein,
Willst geradewegs Zukunft machen,
Doch irgendwie: du blickst allein,
Blickst allein - selbst im Lachen.

Du bildest dich nun weiter aus,
Für Anerkennung und das Geld,
Bestimmt willst du Frau und ein Haus
Und eine Arbeit, die dir gefällt?

Herz:
Für wahr Vernunft, für wahr,
Dir schenke ich nun mehr Gehör,
Tät ich's nicht, so scheint klar,
Dass ich mich und die Zukunft zerstör`.

Folgte ich ganz meinem Verlangen,
Dem, wie mir die Jugend sprach,
So nähm` ich mich nicht gefangen
Und folgte ganz der Freiheit nach.

Vernunft, du willst Vater und Wille sein,
Doch nie tötest du mich - mich Herz,
Denn wie lange lebe ich schon allein,
Was ist mir da, was ist da - Schmerz?

Dir Vernunft, folge ich nun und just,
Doch ich umgreife dieses geliebte Leben,
Und raubst du mir die Lebenslust,
So will mich mir wieder ganz ergeben.

Vernunft:
Ein Frevler ist, wer sich ein Nein erdreistet,
Ich aber bin dir Vater, ich bin die Pflicht!
Weil wer anders bemisst und nichts leistet,
Den mag die große Mehrheit nicht.

Herz:
Aber ach Vernunft, du nimmst
Und vorm Grab hältst du nicht Wort,
Aber ganz ehrlich: zu aller schlimmst,
Raubst du mir die Freiheit fort!

Meine Liebe gehört dem freien Leben,
Wo freien Atem schöpfen schaffen heißt,
Denn dem Dichter will ich Stimme geben,
Und mich frei verneigen vor des Lebens Geist.

Vernunft:
Dies kannst du sicher noch immer machen,
Drum folge nun meinem Weg und sei froh,
Herz:
Ach! du alberst, Vernunft, soll ich lachen,
Das gute Leben liegt ganz anderswo!

Vernunft:
Du Herz, bist schäumender Überschwang,
Doch ich bin der Reife sicheres Netz,
Du bist Feuer, Hunger, Traum und Drang,
Doch ich bin Alter und das Gesetz.

Herz:
Vernunft, du bist meines Weges Sohlen,
Aber machst niemanden als Führer froh,
Darum ich will es für dich wiederholen:
Das gute Leben liegt ganz anderswo!

Die Bezähmbaren haben dich gerne -
Ob ich durch dich die Bezähmung lerne?
Doch dies liebe ich – Schönheit, Sterne,
Kunst, Licht, den Augenblick und die Ferne.

Herbstlicht

Der alten Mosel malerische Mäander
Spielten sich mit tiefer Neigung zum Tal,
Und die Rebenfelder in Reihe aneinander,
Entbehrten Vernunft und jeder zählbaren Zahl.

In tausend Farben lagen die Hänge und Felder,
Der Himmel aber stand still in Grau gekleidet,
Und goldener als aller Weltengold und Gelder,
Fühlte ich, dass die Sonne hinter Wolken leidet.

Doch während ich auf nichts Schönes mehr baute,
Drang ein Sonnenstrahl wie Wasser durchs Siebe,
Und als er da die Welt und ich das Licht beschaute
Durchtanzten mich Helle und ein Schauer Liebe.

Palast

Ich weilte im Schweigen,
Zwei Tage der Stille im Herz,
Nicht Dunkelheit war mir eigen,
Kein Gedanke mir Schmerz.

Ich verharrte im Augenblick,
Am Ort von Augen, Ohr und Kehle
Und empfand ein großes Glück:
Die Windstille der bewegten Seele.

Ich sprach zwei Tage kein Wort,
Blickte furchtlos in mich befreit,
Und weilte an einem heiligen Ort,
Im Palast der eigenen Innerlichkeit.

Mancher nennt es einsam sein,
Wir sind´s, Frauen und jeder Mann,
Aber es ist Glück, wer froh allein,
Und dabei in sich schweigen kann.

Kavalier

In einer vollen Eckkneipe fand
Ich eine rote Rose auf dem Tisch.
Da niemand sie an sich band
Lag sie da, - allein für dich.

So nahm ich diese eine Rose,
Ging durch die verregnete Nacht,
Und wie ein heimatferner Matrose,
Habe ich die Sendung zu Dir gebracht.

Ich wusste wohl, du bist nicht da,
Sodass im Briefkasten Hoffnung lag,
Da aber die Tür fest verriegelt war
Fragte ich mich wohin ich die Rose trag`?

Ich stand vor der Tür durchnässt,
Und gelangt nicht ins Treppenhaus
So hielt ich die Rose mit Händen fest,
Und dachte mir etwas Dummes aus.

In Sachen Liebe: sieh, wie dumm ich bin,
Ich hatte weder Blatt, Stift, noch Poesie,
Und so stellte ich die Rose links zur Türe hin,
In der vagen Hoffnung - du fändest sie!

Wie viele sind aber nach Hause gekommen
Und sahen das einsame Gewächs vor der Tür?
Ich hoffe du warst die Erste und hast sie genommen
Ich hoffe, du sahst die Rose und weißt wofür.

Abgeschieden

1.

Was las ich da:
Hermes der Götterbote,
Schützer der abgeschiedenen Seelen.

Wie scheint`s mir wahr,
Da denen mit eigener Note
Und Not nur selten die Worte fehlen.

2.

Hermes schenkt Worte ein,
Zu denen, die einsam sind,
Fliegt er gern, deutungsbeladen und frei.

Zu den die allein,
Eilt Hermes im Wind,
Und bringt die passenden Zeichen herbei.

3.

So fragt manch Herz
Welches nächtlich verloren
„Wie ist es? Der Gott, wie spricht er?"

Und oft wurde im Schmerz
Schon ein weises Wort geboren,
Und ein einsamer Mensch zum Dichter.

Gast

Deine tausend Schätze,
Mein Freund, die dir was taugen,
Mit denen du wer bist und wirbst,
Schließ einmal deine Augen,
Ebenso wie in der Stunde in der du stirbst.

Denn wie nun, also auch dann
Gehört dir nur, was dein Geist lassen kann,
Drum was willst du an Äußerem hängen
Und die faulen Dinge allen zeigen:
Wir sind Gäste und uns ist bloß Geist zu eigen!

Treibstoff

Bekanntlich besteht der normale Tag
Aus vierundzwanzig Stunden Zeit,
Wo einem jedem, wenn er es vermag,
Zu tun obliegt, was ihm Freude weiht.

Davon schlafen viele acht, Wackere sieben,
Einfach so, weil wir von Natur aus müssen,
Acht bis zehn Stunden sind dann vorgeschrieben,
Um die Lohnarbeit und Pflicht zu küssen.

Manchem bleiben nach der Arbeit noch sieben,
Der freien Zeit interessengelenkt nach zu gehen,
Nur nach der Arbeit und den Peitschenhieben,
Wen habe ich da noch Großes vollbringen sehn?

Die freie Zeit schlägt man dann meist tot,
Mit allerlei notwendig leichten Interessen,
Geht kaufen, einen trinken, isst Abendbrot,
Schaut fern, um den Takt des Tags zu vergessen.

Trifft sich mit Bekannten in geselliger Runde,
Kocht oder reinigt das traute Heim und Haus,
Und so klingt dann zu später und müder Stunde,
Der Tag der x- ten Woche des Lebens aus.

Man schläft bewegt vierhundert zwanzig Minuten
Bis der Zeiger einen unsanft zur Arbeit weckt,
Wo dann die Masse, Diener und ewige Rekruten,
Glied und Glied, Kopf und Köpflein streckt.

Die Arbeit ruft, „Auf, auf, Du sollst schaffen!"
Für den Unterhalt und die Maschine feuern,
Und Tat und Gedanken so zusammen raffen,
Dass wir gemeinsam auf hohes Wachstum steuern.

Doch uns bleiben ja noch Sonn- und Feiertage
Und die sechs Wonnewochen Urlaubszeit,
Da begibt man sich gern in die bespaßte Lage
Wo man sich Erleben und dem Konsumieren weiht.

Die begrenzte Zeit zieht dann so verlebt ins Land
Die Tage, Wochen, Jahre und Menschen sterben,
Denn das bürgerliche Leben gleicht einer Burg aus Sand
In dem sich die Haut faltet und die Haare verfärben.

Konsum, Gott, Vergnügen, Unterhalt und dem heiligen Geld
Huldigen wir Tag und Jahr und den Märkten obendrein
Was haben wir doch für ein Glück in der freien Welt:
Wir dürfen Märtyrer der Maschine, Holz und Sklave sein.

Freude

Ich sehe sie meist nicht lange,
Vielleicht für zwei Minuten oder so,
Ich steh` dann in der Schlange
Und warte auf ein kurzes - „Hallo".

Ihr Lächeln wird von Milde getragen,
Ein empfänglicher Blick ins Azurblau,
Sie ist bei Waren, Menschen und Wagen,
Im Umkreis die schönste Tankstellenfrau.

Meistens kaufe ich nur so bei ihr,
Einfach, um vor der Kasse zu stehen,
Ich kaufe Tabak, mal Wasser, mal Bier,
Denn immer ist es schön sie anzusehen.

Glück

In Augenblicken des Glücks,
Schlendern wir verbunden und frei.
Die Straßen werden zu Gärten
Und jeder Gedanke trägt Musik
Als Triumph in die Stunde des Atems.

Die Leichtigkeit entlässt uns aus
Dem Käfig ins Wunder des Kindes
Und eine Stunde Unschuld schenkt
Vergessen vom Geschehen des Kampfs
In der wiederholten Runde der Tage.

Der Asphalt verwandelt sein Gesicht
Aus Stein zum Laufsteg der Freude,
Derweil das Lachen den nahen Lärm
Der Welt übertönt und das Licht des
Moments die Sorge der Zeiten zertanzt.

VII. Fragmente der Heimkehr

Musik

Wir unterhielten uns lange über Musik,
Die für empfindsame Menschen bedeutsam ist,
Wo sich Klänge von Frieden und Krieg,
Als ein Kompass und inneren Spiegel bemisst.

Wir wollen uns schöne Geschenke machen,
Ein Medium, das des Herzens Töne trägt.
Die meinen sind zum Weinen wie zum Lachen,
Von Liebe und stillem Schmerz geprägt.

Auf das ihre Geschenk bin ich gespannt,
Den Tönen, denen sie Einlass gewährt,
Vielleicht reicht sich unsere Musik die Hand,
Welche uns das Alphabet der Seele lehrt.

Alle sind wir irgendwie doch allein,
Worte können vieles komplizieren,
Aber Musik kann eine Brücke sein,
Wenn sich zwei in Eins verlieren.

Auf den Geist ihrer Musik bin ich gespannt,
Die Lieder, zu denen sie sinnt und singt.
Ich bin danach vielleicht mehr zu ihr gewandt,
Wenn ihre Musik nach der meinen klingt.

Anruf

Sie atmet nur einen Anruf entfernt
Doch ich lass das Telefon links liegen.
Habe ich es denn wirklich verlernt,
Mich näher an wen anzuschmiegen?

Für meine Schwäche sollte ich mich hassen,
Aber die Uhr zeigt elf - es ist schon sehr spät!
Morgen werde ich den Hörer aufs Neue fassen,
Wenn entgegen der Furcht der Mut mir´s rät.

Eigentlich fürchte ich nicht das Kennenlernen,
Noch die Liebe, als ein Höchstes auf Erden,
Sondern das Sich-öffnen und Wieder-entfernen
Und in seinen Träumen enttäuscht zu werden.

Ich kenne mich und meine Schwächen gut,
Zu gut, um leicht von ihnen los zu lassen,
Aber morgen dann gelobe ich mir neuen Mut,
Um den Hörer aufs Neue zu fassen.

Schatten

„Immer mehr kommt unter uns daneben auf." E. Bloch

Dunkel ist es:

Meine Freunde sind fort
Und etwas Altes
Kommt neu auf
In mir.

Ich liege allein
Mit den Augen über dem Abgrund
Von Gestern gelehnt.

Die Schatten tanzen
Lächelnd
Vor dem Grab in Gedanken
Und der Angst sich zu öffnen.

Ich falle und fürchte mich
Verletzt zu werden
Wenn ich den Weg weiter gehe,
Den Gang mehr als in Gedanken
Zum Morgen
Zu Dir.

Ich kann dir nicht sagen
Was du hören willst,
Die Wahrheit ist eine andere
Hinter der Maske,
Und anders bin ich.

Würde ich lügen,
So wärst du vielleicht glücklicher,
Doch gebrochen läge ich da
Und die Vergangenheit
Verfärbte den Pfad und
So zöge aus Furcht
Der alte Schatten
Die Freiheit vor.

Diese Träne des Gedichts ist für Dich.

Wenn du gehen willst,
So geh,
Bevor etwas begann.

Ich könnte es verstehen
Denn wer liebt schon die Nacht
Und dunkel ist es

Und leer in mir.

Treiben

Wer kennt das Gefühl, das ich mein`
Das frohe Treiben der Zukunft zu,
Es ist zu schön, um wahr zu sein,
Verzeih, diese „es" bist – Du.

Neubeginn

Vorm Fenster fällt der leichte Schnee,
Leise fällt er, ohne auch nur einen Laut,
Und ich mache Wünsche: Schwinde Weh,
Dass Unschuld mir mit dir ein Morgen baut.

Der Winter schenkt der Erde seine reichen Flocken
Der Vergangenheitschatten verliert sich bei Nacht.
Ich fühle aus deiner schönen Art ein Frohlocken,
Durch die vielleicht der Frühling in mir erwacht.

Alles Schwere und Alte, das ich im Herzen habe,
War mir durch die Jahre Grund, Trieb und Ballast,
Ich wünsche vom Schnee, dass er`s begrabe,
Dass meine Liebe reiner die deine fasst.

Wie der Schnee, begrabend, rein und weiß,
So wünsche ich mir den Ort in mir drinnen
Denn nur so kann ich mit dir zum Kreis,
In Vertrauen die Liebe erst neu beginnen.

Muse

Den Wagen vom Geschehen weit weg geparkt,
Gingen wir Richtung Zentrum und spielten,
Wir besuchten einen mittelalterlichen Markt
Auf dem wir uns zum ersten Mal die Hände hielten.

Zwischen Schmiedekunst, Runen und Essenständen,
Menschen, einem Hofnarr und Edelsteinen,
Sah ich den vollen Mond die Gezeiten wenden,
Und deine Augen wie zwei Sonnen scheinen.

Es war als sprang die Zeit mit Schwung zurück,
Der bekannte Kalender mit verjüngtem Fuße,
Und wir feierten Prinz- und Prinzessinglück,
Oder passender: der Dichter, ich, und du die Muse.

Deine Art, das Gegenteil der Hammerhiebe,
Weicher und doch stärker als aller Stein,
Deine sanfte Seele durchströmt von Liebe,
Schmeckte lieblicher als der geschenkte Honigwein.

Wir schlenderten trunken in der klaren Nacht
Unter der breiten Unendlichkeit im Abenteuer,
Und durch deine Gegenwart verhundertfacht
Trank ich Anmut und atmete Leben im Feuer.

Fund

Eine Krähe saß auf hölzernem Mast,
Ihre kalten Gesänge verhallten im Tal.
Ihrem einsam langen Flug zur Last
Wünschte sie jemanden zu begegnen,
Einer für immer und alle Mal.

Ihr Krächzen, ein einsames Locken,
Ein sehnendes Rufen als heilloser Schrei,
Aber müde vom Warten und Hocken
Begann sie ihren Flug, um zu finden,
Das Ende der Einsiedelei.

Später sah ich zwei Krähen fliegen,
Sie schwebten über die Felder daher,
Ich sah sie sich aneinander schmiegen.
Es herrscht eine heiligschöne Stille-
Kein Schreien ertönte mehr.

Es war wohl die auf dem Mast, die eine,
Die locken wollte, aber ihrem Schreien satt,
Und als ich die beiden fliegen sah, so meine
Ich, dass sie vereint glücklich waren,
Weil jemand Liebe gefunden hat.

Singen

Als wir geborgen beieinander lagen,
Uns berührten, wo Wort nichts mehr bringen,
Da schwieg ich und konnte nichts mehr sagen,
Denn eher war´s mir danach zu singen.

Geduld

Du bestellst das Kleinste aus Liebe,
Du wirst jeden einzelnen Tag ohne Schuld,
Es scheint als ob Weisheit dich triebe,
Zu dieser Hingabe und ertragenden Geduld.

Erinnerung

Du legtest bei Kerzen deinen Kopf,
Auf meine hohle und weite Brust
Und wie vom Erinnerungstropf
Kam, was ich schon immer gewusst.

Ich weiß, Gefühle sind kein Wissen,
Doch die Empfindung, die ist wahr,
Ich fühlte die Seite auf meinem Kissen
Ist ewig schon - für dich da.

Dank

Das Glück kam nieder,
Heute in Gedanken
Gestern den ganzen Tag.

Ich schreibe diese Lieder
Um dir zu danken,
So gut ich ´s nur vermag.

„Glücklich, schön" - kein Wort,
Kein Adjektiv bringt Licht
In die zweisame Zeit,

Ich hoffe nur, dass immerfort,
Ähnlich die Zukunft spricht,
Die uns tausend solcher Tage weiht.

Eröffnung

Erzähl` deine Geschichten,
Liebe,
Erzähl` von einsamen Gedanken,
Sehnsuchtsstunden,
In denen es in Dir
Nachtdunkel war und leise lachte.
Erzähl` vom Schmerz,
Liebe,
Der dich belehrte,
Dich formte, frei und empfänglich
Für die Musik der Schönheit machte.

Erzähl` in Gedichten,
Liebe
Erzähl` von weiten Augenblicken,
Bergmomenten,
In denen sich in dir
Der Weltraum verhundertfachte,
Erzähl` vom Schweigen,
Liebe,
Das dich zerriss,
Dich erfüllte und in dir das Pulsieren
Deiner Worte zum Erwachen brachte.

Gedanken

Was nutzt alles Gedanken machen,
Gedanken werfen die Stirn in Falten.
Viel lieber fühle ich mich im Lachen,
Als sich im Ernst an Gedanken zu halten.

Doch werden Gedanken zu mir getragen,
Sätze wie Sterne mit goldenen Schwingen,
So will ich höflich sein und danke sagen,
Und sie als Gast bei mir unterbringen.

Ergrübelte Gedanken erniedrigen den Augenblick,
Sie führen nur weitere Fragen und Wände ein,
Drum kappe ich gern zur Freude diesen Strick,
Um frei und ganz hier und Mensch zu sein.

Hoffnung

Nie war mir Sanfter- und Schöneres gegeben,
Nie hielt ich Gebrechliches in leeren Händen,
Ich hoffe unsere Liebe wird atmen und leben
Wachstum sein und so schnell nicht enden!

Augen

Die Augen von katzenhafter Schwärze,
Die empfänglich ins Leben strahlen,
Wäre ich ein realistischer Maler im Herze,
Es gäbe nichts Schöneres als sie zu malen.

Aufgabe

Kerzenlicht, umgeben von Stille,
Und um dieses, nicht mehr nur ich,
Willenlos wandert jetzt mein Wille:
Mit einem Lächeln denk ich an dich!

Gabe

Wenn ich nicht schwarz bin und blute,
Dann folge ich meiner Natur
Für meine Freunde dann das Gute,
Für dich aber das Beste nur.

Worte

Du sagtest „Worte besitzen Macht"
Worte sind für feine Geister mächtig,
So wähle ich meine Worte bedacht,
Denn lieben will ich dich bedächtig.

Bereitschaft

So eben, als ich noch an Schönes dachte,
Da verkündete Sekunden später wer,
Dass ein geliebter Mensch ums Leben ringt.

Dort wo es eben in mir noch lachte,
Da läuft nun eine erste Träne her
Die die Tag das Dunkel bringt.

Wie nah liegt alles beisammen,
Wie nah liegt Leichtigkeit bei Last,
Dort ist Liebe, hier sind Flammen:
Mensch sei bereit und auf alles gefasst!

Ohnmacht

Vor dem Leben müssen wir tapfer sein
Vor Schmerz, Alter, Verlust und Tod
Wir sind eins darin und doch allein
Und die Ohnmacht unsere größte Not.

Ohnmächtig stehen wir oft daneben
Und die Geschichte nimmt ihren Lauf,
Man kann nur das sein tun und sich ergeben,
Aber die Hoffnung spricht: „Gib nicht auf!"

Traum

Einst, es war in einem Traum gewesen,
Da habe ich eine blonde Frau gesehen,
Ich konnte in ihrem Gesicht nicht lesen,
Aber ich sah uns vor einer Türe steh`n.

Sie reicht mir vertrauensvoll die Hand,
Wir traten ein, ich weiß nicht wofür,
Und mit der Seele zum Bersten gespannt,
Verschloss sie alsdann hinter uns die Tür.

Wir gingen über Stufen in ein neues Zimmer,
Es war ein großgoldenes Gemach,
Enge und Furcht fühlte ich nimmer,
Die weiteren Schritte ins Zimmer danach.

Es war eine Halle, ein großer Raum,
Weite schenkend und wärmendes Licht,
Und diese blonden Frau im Traum,
Ich ahne es nun, - trug dein Gesicht.

Freudenhaus
Oder
Jescos Philosophie

Das Leben ist ein Freudenhaus,
In dem wir alle Prostituierten gleichen,
Aber der absolute Erguss bleibt aus,
Da wir nicht ans Zeitlose reichen.

Das Leben ist ein Freudenhaus,
In dem uns die Lust antreibt,
Und das höchste Glück daraus
Ist ein Moment, der in uns schreibt.

Das Leben ist ein Freudenhaus,
In dem wir mit einander verkehren,
Alle strecken begierig die Hände aus,
Aber letztlich gehen wir mit leeren.

Das Leben ist ein Freudenhaus,
Es beherbergt Begehren, Lust wie Weh,
Und das Weltregime zum Freudenschmaus,
Heißt Porno, Potenz und Portemonnaie.

Das Leben ist ein Freudenhaus,
In dem jeder nach dem Schönen blickt,
Jeder nimmt sich das Seine raus,
Bevor der Tod uns alle f....

Wissen

Schon das Wissen,
Dass du in deinem Traum
Nun alleine liegst,

Und an dein Kissen
Mit kaltem Saum
Deine Schulter schmiegst,

Macht mich traurig,
Packt Sehnsucht mit Gier:
Ich hoffe, du trägst dich warm,

Denn das Wetter ist schaurig,
Und ich wäre nun gern bei dir,
Hielt deinen Atem im Arm.

Atem

Das Totenhaus, unser letzter Begegnungsort,
Eine Tote, die man mit Blumen beglückte,
Für den Augenblick hatte ich kein heilsames Wort,
Das mir den Abschied mit Anmut schmückte.

Ich sprach nur in bitter brennenden Tränen
Im Schmerz von unserem Nimmerwiedersehen,
Eine Prise Angst war´s auch, will ich wähnen,
Aus dem Unwissen, wohin wir am Ende gehen.

Ich öffnete die Tür nach Draußen einige Mal,
Oft war ich klar und gewillt endlich zu gehen,
Ein letzter Blick! - doch welch höllische Qual!
So blieb ich eine Stunde bei ihr am Sarge steh`n.

Aber die Frau, eine große Mutter, die dort lag,
Eine bekannte Hülle, dennoch eine Leiche,
Ein Mensch ohne Eigenschaften bei Tag:
Sie war für mich nicht mehr die Gleiche.

Doch alles, was sie zu der Einmaligen gemacht,
Was sie als Mensch ein Leben lang gewesen
Wird in lebendigen Erinnerungen zu mir gebracht:
So werde ich sie in meinem Gedächtnis lesen.

Das Unausgesprochene wird leiser werden,
Ich flüstere es in Gedanken zu ihr in die Nacht,
Und sie gibt vielleicht in geheimen Gebärden
Auf ihre Geliebten weiter auf Erden acht.

Darum ging ich aus dem kalten Totenhaus,
Dies war vor ihr mein Mut und letzter Wille,
Ich ging unter den weiten Himmel hinaus
Zum Abschied von ihr in beklommene Stille.

Dort atmete ich tief und blickte empor,
An einen Himmel ohne Sonnenschein,
Doch fühlte ich, dadurch was ich verlor,
Wie schön es ist noch am Leben zu sein.

Gang

1.
Die Wolken strichen,
Vom Wind getragen,
Vorm Mond daher,

Und über der Erde dazwischen,
Wo die beschneiten Felder lagen,
Hing das Leben tränenschwer.

2.
Ich ging am Feld entlang,
Die stürmischen Winde
Froren mir die Knochen,

Und mit dir zum Neuanfang
Durch den ich einen Morgen finde
Lag dennoch mein Herz gebrochen.

3.
Ein geliebter Mensch ging,
Eine anderer voll Anmut kam
Wie ein geflügeltes Wort,

Zwischen Erde und Himmel hing
Schönheit, Schmerz und Gram
Mit nur dir im Herz als Zufluchtsort.

4.
Wie die Wolken sich wandeln,
So spricht auch uns das Leben:
Wir kommen und gehen.

Und alle unser Denken und Handeln
Wird, da nur begrenzte Zeit gegeben,
Irgendwann ebenso mit der Zeit verweh`n.

Ende

Ich dachte, dass ich die Stärke habe
Und mein Schmerz nicht entblöße,
Doch ich stand vor ihrem grauen Grabe,
Verneigt mich vor des Meisters Größe.

Die Tränen flossen wie in weiten Bächen,
Denn: Vor Verlust und Tod schützt kein Wissen,
Wenn die Gefühle mit Gewalt durchbrechen,
Da ein Geliebtes uns aus dem Blick gerissen.

Als man den Sarg zurück hinabgelassen,
Und von Tausend eine neue Träne rann,
Da empfand ich, es lässt sich nicht fassen,
Da keiner den Tod zu Ende denken kann.

Blick
Oder
Das Besondere am Banalen

Sie fühlte, dass ein Bedürfnis sie drängte,
Sie verspürte einen menschlichen Drang,
Sich zu erleichtern, von dem was beengte,
Ging sie den leeren Parkplatz entlang.

Ich rauchte morgens die erste Zigarette,
Und schaute ihr noch schlaftrunken nach,
Lauschte auf ihrem Weg zur Toilette
Dem, wie es in mir aus der Stille sprach.

Während sie heiter wie auf Wolken ging,
Und mein Auge fest an ihrem Gange hing,
Ertönte durch die Scheibe Glockenklang,
Als ihr Haar schön um den Hintern schwang.

Der Toilettengang war Notdurft und banal,
Ein alltägliches, ungroßes Geschick,
Doch besonders ist alles ein jedes Mal,
Besonders - mit Liebe im Blick.

Lichtung
(Todtnauberg, Deutschland)

In einer kleinen Holzhütte am Hain,
Am Rand von Mensch und Wald
Suchte wer nach dem Sinn von Sein,
Erkundete die bedingenden Strukturen
Von unserem fraglichen Aufenthalt.

Er folgte dem, was sich von sich aus zeigt,
Und zeigte wie "das Man" still regiert
Und die Möglichkeit, dass daraus der Einzelne
Sich entschlossen zu sich selber neigt,
Und sich als eigen in die Welt gebiert.

Er folgte den Spuren der Phänomene nach,
Und redete das Neue in einer eigene Sprach`,
Redete über uns, das Befinden, Verstehen,
Angst, Tod und „Jemeinigkeit" und Vergehen.

Dem Ruf des Ursprungs ging er nach,
Über die Sorge hin zur Zeit,
Zum Urgrund letztlich - der großen Lichtung.

Er spielte mit Sprache, diese mit ihm,
Und er wusste, wesentlich ist:
Tod, das Denken, dieses Da, Sein und Dichtung.

Verzeihung

Nur wenige Worte, unbedacht,
In einem barsch, unliebsamen Ton,
Entfalten ihre zerstörende Macht
Und wurde deiner Freude ein Hohn.

Klotzig rollten die Worte über meine Kehle,
Nur ein dummer Satz hat dich tief verletzt,
Verzeih, ich vergaß die Sanftheit deiner Seele,
Und wie hoch von dir das Wort geschätzt.

Das erste Mal in unseren Tagen
In unserer Stunde Zweisamkeit,
Fühltest du pochendes Unbehagen,
Entschuldige: es tut mir leid.

Dein Unwohlsein, dein Schmerz
Ist in jedem Augenblick der meine,
Dir allein gehört mein Herz.
Vergiss nicht: du bist mir die Eine.

Der Zeiger schlägt nicht zurück
Doch für Morgen hab` ich bessere Pläne
Denn dein ist das meine Glück,
Und deine ist auch meine Träne.

Was war dieser grobe Augenblick?
Ich gedenke, was mir ohne dich bliebe,
Verzeih mir meiner Worte Ungeschick,
Aber wisse, dass ich dich liebe.

Freude

Um mich tanzen die Kerzen,
Es erklingen sakrale Klänge,
Und in meinem weiten Herzen
Erlöste sich zum Atem die Enge.

Süßes Salz ziert meine Wangen,
Mein Augen blicken benässt,
Weil was mit dir angefangen,
Alle Träume verblassen lässt.

Das Glück im Wissen um dich,
Kann ich kaum schöner fassen,
Als einem Wunder dankend, mich
Den Tränen der Freude zu überlassen.

Zerrissenheit

Ach, meine Liebe, mir geht´s zu gut,
Doch Schwere birgt mir ein eigenes Glück.
Vor dir, Liebesfreude, ziehe ich den Hut,
Aber ich hätte gern meine Melancholie zurück.

Die Stunden zu grübeln und zu zerdenken,
Das Suhlen im Weltschmerz, süßestem Leid,
Sich im Dunkeln suchend zu verrenken
Ach - ich verehre auch dich - Einsamkeit.

Doch ehrlich: um Dich und dein Sein zu wissen,
Werte ich höher als Schwere und Denkerglück.
Ach - was bin ich schwankend und zerrissen:
Nun schon, wünsche ich mir dich zurück.

Zuflucht

Du bist eine ewige Stätte
Du bist ein heiteres Lachen
Du bist Lob und Applaus

Du eine gewonnene Wette
Meine sieben Sachen
Und in Stürmen ein Haus

An deiner Schulter ist ruh
Du bist wie Insel und Geleit
Wenn alles verschwommen

Und schau ich dir zu
So finde ich Anmut und Zeit
Um den Fragen zu entkommen.

Obdachlos

Symbole, Symbole sind wir,
Buchstabenschöpfer ohne letzten Verweis
Gefallene Engel, ein poetisches Tier
Mit Bildern ohne höheren Geheiß.

Symbole, Symbole sind wir,
Die gezeichnet sind und etwas zeigen,
Wir zeichnen Zeichen aufs Papier
Doch ihnen ist kein fester Sinn zu eigen.

Symbole, Symbole sind wir
Wie ein Deckel auf einem bodenlosen Topf
Ohne letztgründliche Gründe hier
Mit Füßen im Meer und keinem Dach überm Kopf.

Ergänzung

Sie ist das Morgengrauen
Und ich bin der kommende Tag,
Sie, das verwunderte Schauen
Und ich der erste Augenaufschlag.

Sie ist wogendes Wasser und Welle
Und ich bin der streichelnde Wind,
Sie ist Morgenröte und die klärende Helle
Und ich, die Erkenntnisse, die gefunden sind.

Sie ist das wärmende Sonnenlicht
Und ich bin der dankend, wachsende Tang,
Sie, ein fleischgewordenes Gedicht
Und ich bin dazu der poetische Klang.

Sie ist der feist gedeckte Tisch
Und ich bin die sättigende Speise,
Sie, bereichernd und abenteuerlich
Und ich bin ein Schüler der Reise.

Sie ist Edens endlose Weite
Und ich bin der schweifende Blick,
Sie ist jene, die mich mit befreite,
Und ich der Befreite vom Strick.

Sie ist ein lebendig, greifbarer Sinn
Und ich bin Spiel und frohe Leere,
Sie ist wie ein Anker und ein Wohin
Und ich die Fahrt auf offenem Meere.

Sie ist des Himmels kühlende Bläue
Und ich bin beladene Wolke davor,
Sie, Lebensklugheit und Schläue,
Ich ein Welt-Auge und ein Einfallstor.

Sie ist Ordnung und einmalig, sie ist sie
Und ich bin ich, mit reichem Chaos in mir,
Aber wie Idee, Können und Genie,
Ergänzen sie und ich uns - zum Wir.

Sperrstunde
(Glasgow, Schottland)

Es war abends an unserem letzten Reisetage,
Nach langen Fahrten mit Bahn und Bus,
Da fand ich eine gemütliche Parkanlage
Und eine Bank an einem kleinen Fluss.

Dort im Dämmern saß ich eine geraume Weile
Nahm Züge und schöne Schlucke vom Dosenbier,
Formulierte spontan diese und jene Zeile,
Und nahm das gelebte Leben um mich ins Visier.

Einen Fisch sah ich, der aus dem Wasser sprang
Und sich zum Abendbrot elegant eine Fliege fing,
Ich genoss die Stille, in der ein Plätschern klang,
Dessen beruhigender Ton mir in Musik überging.

Nach oben fließend wähnte ich den Fluss,
Nah bei stimmte Kinderspiel ins Schweigen ein,
Weit entfernt war ich von schwarzem Weltverdruss,
Denn ich ließ es fließen und Gedanken Gedanken sein.

Im Atem und im noch vorhandenen Abendblau
Sah ich Schäfchenwolken von gutem Wetter künden,
Und so ganz bei mir, in einer imaginären Schau
Regentropfen im Fluss vor meinen Füssen münden.

Ich resümierte, urteilte für mich still und leise,
Über vergangene Regentag und so manches mehr,
Als auch über Episoden und den Rest der Reise
Und die Zeit mir ihr. Ergebnis: wohl gelungen, bisher!

Fünf Wochen im Zelt auf engstem Raum
Haben wir durchlebt und erfahren ohne Zwist,
Es war glücklich, glücklicher ging es kaum
- Es steht fest, dass sie die Eine – bis *evtl.* ans Ende ist.

Ja ich saß allein am Fluss zu dieser Abendstunde,
Doch einsam und verzweifelt dies war ich nicht,
Denn einsam bin ich nicht mehr - am Grunde,
Solange sie in mir lebt und flüsternd Worte spricht.

Dennoch diese bedächtige Minute tat mir wohl,
In mich zugehen, den Sinn dem Schweigen zu weih´n
Und so genoss ich mich, eine Zigarette und Alkohol
Und das was auch der Liebende bedarf: - eine Stunde allein.

Vergangen

Wenn ich zu anderen und in mir,
In der Stille und auch ehrlich zu dir,
Das schale Wort „Freundin" sage,
Mit der ich schon vieles erlebte,
Mit der ich vieles und dieses wage,
Und mit der ich vieles Neue erstrebte,

Dann fühlt es sich nicht mehr
Nach „meiner Freundin" an:
Ich bedauere es sogar nicht sehr,
Da bekanntlich alles vergehen kann.

Ja ich gestehe, ich bin eher froh,
Das Wort „Freundin" sagt mir nichts.
Keine Sentimentalität,- es ist halt so:
Verdunstet ist der Verliebtheit Morgentau,
Unser Anfang: Ein Jenseits des Lichts.

Zu aller tiefen Höhe und Freude,
Damit ich keine Zeit vergeude,
Gerinnt daraus kein Schmerz,
Im Gegenteil, ich schenke dir
Wie immer reinen Wein:

Um mit der Sprache und Herz
Wieder in der Reihe zu sein,
Sage ich zu den Anderen und dir
Nicht mehr „Freundin" in mir,
Sondern ich nenne dich -
(Und sei gewiss, damit trage ich
Keinen gespielten Reflex zur Schau)
Ich nenne dich lieber: „Meine Frau"

Umbruch

Die Tage sind lang

Und voll

Voll mit dem was ich einst
Nie wollte

Aber der Wandel
Ging um

Wie eine neue Jahreszeit
Die anbrach
Und den Frühling der Fülle brachte

Mit vertrautem Blick
Gehe ich neu
In die Tage

Erfahrener

Noch immer
Auf den Pfaden
Der Erkenntnis

Und von der Welle
Der Kunst bewegt

Aber leichter als einst,
Werfe ich mich in die Stunden

Leichter als einst
Als mich nur
Nacht umgab,
Und ich

Die Leere liebte.

Epilog

Gewissheit
Oder
Eine Androhung?

Auch wenn ich ein Freund des Nichts
Und Etwas mehr war und gewesen bin,
Ein Wanderer der Nacht und des Lichts,
Mit beizeiten nur sich selbst als Sinn...

So sind mir doch die hundert Seiten,
Die beschrieben mit Blut und Schwärze,
Die Zeichen der Liebe und Leidigkeiten,
Der Täler und Gipfel in Höhe und Schmerze.

Was bereits geschaffene ist, schenkt Ruh,
Und Zuversicht, in was noch kommen mag,
So treibe ich angstlos und frei der Zukunft zu,
Da ich mein Werk des Werdens mit mir trag`.

Sehnsucht und Erwachen stehen geschrieben,
Nur: diese Gewissheit erzeugt kein Erschlaffen,
Vielmehr fühle ich mich zu Neuem getrieben,
Um mehr Unsinn und ungelesene Werke zu schaffen.